PRINCIPAIS CORRENTES DA SOCIOLOGIA DA EDUCAÇÃO

Consulte nosso catálogo completo e últimos lançamentos em **www.editoracontexto.com.br**.

Walter Praxedes
Nelson Piletti

PRINCIPAIS CORRENTES DA SOCIOLOGIA DA EDUCAÇÃO

Montagem de capa e diagramação
Gustavo S. Vilas Boas

Preparação de textos
Lilian Aquino

Revisão
Mariana Cardoso

Dados Internacionais de Catalogação na Publicação (CIP)

Praxedes, Walter
Principais correntes da Sociologia da Educação / Walter
Praxedes, Nelson Piletti. – São Paulo : Contexto, 2021.
192 p.

Bibliografia
ISBN 978-65-5541-144-7

1. Sociologia educacional 2. Educação 3. Ciências sociais
I. Título II. Piletti, Nelson

21-2267 CDD 370.71

Angélica Ilacqua CRB-8/7057

Índice para catálogo sistemático:
1. Sociologia educacional

2021

EDITORA CONTEXTO
Diretor editorial: *Jaime Pinsky*

Rua Dr. José Elias, 520 – Alto da Lapa
05083-030 – São Paulo – SP
PABX: (11) 3832 5838
contexto@editoracontexto.com.br
www.editoracontexto.com.br

Sumário

Introdução

A Sociologia da Educação é um componente curricular e uma disciplina científica reconhecida como fundamental para a formação de professores e pesquisadores nos cursos universitários de graduação em Pedagogia, Ciências Sociais, nas licenciaturas e nos programas de pós-graduação em Educação e Sociologia.

Possibilitando a realização de pesquisas educacionais, a Sociologia da Educação é uma ciência que vem sendo construída como um conjunto muito diversificado de teorias sociológicas que empregam diferentes métodos quantitativos e qualitativos como observação, entrevistas, análise de documentos, aplicação de questionários e utilização de dados estatísticos entre outras técnicas investigativas.

Neste livro, apresentamos as perspectivas teóricas da Sociologia para o estudo da educação. Assim como em outras áreas de conhecimento, na Sociologia também são inúmeras as orientações metodológicas para o estudo científico dos problemas educativos. Quase todas elas buscam a superação da descrição pura e simples das situações vivenciadas no cotidiano das famílias e instituições escolares. As teorias sociológicas da educação representam também a tentativa de construção de conhecimentos que interpretem de forma mais elaborada e consistente aquelas informações coletadas pela observação das atividades escolares e no estudo da legislação referente à educação.

A ideia que nos guiou na elaboração deste livro foi a realização de um levantamento das múltiplas abordagens teóricas da Sociologia da Educação, que são mais frequentemente tomadas como pressupostos para entendermos os problemas educacionais e efetuarmos pesquisas sobre os fenômenos ligados à educação.

Por meio do pensamento dos autores e teorias apresentados, discutimos muitos dos temas e problemas priorizados nas investigações na área, levando em consideração que o grau de internacionalização a que chegou a Sociologia da Educação impossibilita que seja estudada apenas com base em pensadores e pesquisadores nacionais.

Fizemos essa opção por considerarmos que, a pretexto de nos atermos ao pensamento educacional elaborado no país, seria profundamente prejudicial, para a construção do conhecimento no campo da Sociologia da Educação, ignorarmos a existência de teorias e pesquisas elaboradas pelos estudiosos de forma independente ou em universidades e laboratórios espalhados pelo mundo todo que incidiram de maneira decisiva nos trabalhos desenvolvidos no Brasil.

A pesquisa em Sociologia da Educação no Brasil, desde seus primórdios, com a obra do professor Fernando de Azevedo, até os dias atuais, realizada nos programas de pós-graduação em Educação e em Ciências Sociais, sempre foi fortemente influenciada pelas abordagens teóricas desenvolvidas em outros países. Isso nos inspirou a considerarmos esse vínculo teórico constitutivo da maneira como os pesquisadores brasileiros pensam a educação no Brasil, atentos à realidade educacional do país, preocupados com o estudo dos problemas empíricos locais, mas sempre informados pelas pesquisas realizadas nos países europeus, nos Estados Unidos e em alguns países latino-americanos e nos continentes asiático e africano.

Apesar dos diferentes enfoques teóricos existentes na Sociologia da Educação, prevalece a concepção de que a educação deve ser considerada uma dimensão da vida social e relacionada a um conjunto de processos sociais, abordando tanto os fenômenos que ocorrem no cotidiano escolar, quanto as relações de convivência que ocorrem no seio das famílias e na sociedade em geral.

Para entender e estudar a educação, parece-nos relevante considerarmos que a concepção da sociedade como um "processo social" traz como implicação, em primeiro lugar, a necessidade de que os agentes sociais sejam preparados para a vida em uma sociedade que se transforma constantemente e, em segundo, que as mudanças sociais vão apresentar problemas inéditos para as novas gerações, de modo que não podemos apenas reproduzir as condições sociais que herdamos do passado.

Neste livro, por meio dos referenciais teóricos apresentados e discutidos, tratamos a Sociologia da Educação como uma forma de estudo das relações entre os agentes do processo educacional – estudantes, professores, técnicos e demais servidores que atuam no espaço escolar –, mas também como disciplina que estuda as influências dos processos sociais externos à instituição escolar na dinâmica dessas relações entre os membros da escola. Ao mesmo tempo, não deixamos em plano secundário a importância da influência dos processos e relações internos à escola na realidade social.

Ao examinarmos os trabalhos de Sociologia da Educação, uma indagação recorrente diz respeito à postura que deve ser adotada por um docente da disciplina diante da vasta, variada e consistente produção científica da área. Respondemos a esse questionamento optando por discutir o que cada abordagem ou estudo evidencia ou deixa de evidenciar, sem, contudo, tornarmos absolutas as diferenças ou suprimi-las com a intenção de realizar uma síntese duvidosa e de pouca relevância. Além disso, procuramos evitar a tentação escolar de refazer os caminhos já percorridos pelos autores estudados. Acreditamos que seja mais proveitoso para a disciplina partir dos resultados já alcançados, para que os novos problemas educacionais apresentados pela realidade social possam ser pesquisados.

Ainda assim, apresentamos aos leitores os pressupostos que motivaram os autores estudados neste livro a formular suas teorias sociológicas sobre a educação. Mesmo distantes das realidades educacionais presentes, a título de exemplos introdutórios, vamos recordar que para o francês Auguste Comte, um dos fundadores da Sociologia como disciplina científica, caberia à educação o papel de libertar a humanidade dos pensamentos por ele considerados supersticiosos e metafísicos, como a religião e grande parte da Filosofia existente em sua época, e formar no homem um espírito capaz de superar o estado de anarquia e violência existente na França pós-revolucionária.

Émile Durkheim dá continuidade ao pensamento de Comte e considera que o objetivo da educação é o de criar o "ser social" com base em uma forma de "coação permanente exercida sobre a criança" pelo meio social, para "moldá-la à sua imagem, e da qual os pais e professores não passam de representantes e intermediários" (Durkheim, 1978: 89).

Com orientação oposta a esses dois fundadores da Sociologia, o alemão Max Weber entende a educação como dimensão de um amplo processo de racionalização e de burocratização das sociedades modernas, por meio do qual os indivíduos desenvolvem formas de racionalidade técnica e científica para a adequação dos meios disponíveis às finalidades utilitárias visadas pelos agentes, ao mesmo tempo em que as estruturas administrativas burocráticas pretendem limitar os interesses individuais para estabelecer uma dominação racional-legal de tipo burocrático que torne possível a vida social.

Com outra perspectiva teórica, o também alemão Karl Marx considera a educação uma relação social entre os membros da sociedade e as classes sociais em luta e, igualmente, a expressão da forma de consciência da sociedade em um contexto histórico próprio. Concebe-a, ainda, como uma prática social que se desenvolve em combinação com as demais esferas da vida social, tais como a forma em que está dividido o trabalho entre os membros da sociedade, as tecnologias existentes e o modo como os seres humanos se relacionam para lutar pela divisão dos resultados do trabalho e pelo poder político.

Dos autores clássicos aos contemporâneos

A maneira como as pesquisas educacionais estão orientadas por essas concepções teóricas abrangentes é o que estudaremos ao longo deste livro. Influenciados por elas ou visando ao distanciamento das abordagens teóricas dos quatro fundadores da Sociologia educacional citados, inúmeros outros autores realizaram trabalhos relevantes e inspiradores para os pesquisadores atuais. Tratam de aspectos pouco desenvolvidos ou ausentes no pensamento dos clássicos com fundamento teórico, originalidade, intencionalidade crítica e reflexiva e embasamento nas realidades educacionais nas quais estavam inseridos e realizaram suas investigações, como Fernando de Azevedo, Karl Mannheim, Antonio Gramsci, Louis Althusser, István Mészáros, Michel Foucault, Jürgen Habermas, Pierre Bourdieu, Bernard Lahire, Florestan Fernandes etc.

Quanto às pesquisas em Sociologia da Educação inspiradas no marxismo e realizadas no Brasil, a despeito das referências comuns a Marx e outros autores marxistas, não se pode dizer que haja uma unidade metodológica entre os pesquisadores que se autodenominam como tal, mas, pelo contrário, a divergência tem sido um elemento marcante na elaboração dos trabalhos e no debate teórico e político que persiste há várias décadas em nosso país na área educacional.

Com base nas contribuições teóricas da chamada "Nova Sociologia da Educação" e na abordagem transdisciplinar dos Estudos Culturais e do pensamento pós-colonial, pode-se fundamentar pesquisas que envolvam uma discussão do currículo relacionado com as desigualdades sociais, culturais e educacionais.

No Brasil, os trabalhos realizados por inúmeros pesquisadores que se dedicaram à Sociologia da Educação nas últimas décadas possibilitaram uma grande expansão do número de pesquisas, artigos científicos, dissertações, teses, livros e notas técnicas. A partir dos anos 80 do século passado, observamos uma consolidação do processo de institucionalização da pesquisa científica em Sociologia da Educação, com a constituição de grupos de pesquisas liderados por professores e pesquisadores universitários, certificados pelo Conselho Nacional de Desenvolvimento Científico e Tecnológico (CNPq), que atuam nos âmbitos dos cursos de graduação, departamentos e programas de pós-graduação em Ciências Sociais e Sociologia e nas Faculdades de Educação. Também foi fundamental a participação dos pesquisadores nos grupos de trabalho e seminários temáticos dos eventos científicos das entidades que congregam os cientistas brasileiros.

Os nossos objetivos são, prioritariamente, expor de maneira didática ao estudante de graduação e licenciatura o tratamento que alguns autores dispensam a um conjunto de temas clássicos e contemporâneos relevantes para a disciplina de Sociologia da Educação; problematizar o tratamento sociológico conferido à temática educacional, indicando a necessidade de formulação de novos problemas de investigação; e propor questões para análise e interpretação dos conteúdos discutidos no livro. No final de cada capítulo, anexamos um texto de referência para ilustração e aprofundamento da temática tratada, que amplia consideravelmente a versão anterior desta obra que tivemos o empenho de revisar, atualizar e reformular, acrescentando também o tratamento de outros temas e autores para esta nova edição.

É sempre temerário elaborar uma proposta para o ensino de uma disciplina científica sem um relacionamento prévio entre os agentes que estarão no processo educativo. Gostaríamos que o texto a seguir fosse interpretado como indicativo de um itinerário que consideramos promissor no estudo da Sociologia da Educação, por conciliar o domínio sobre a teoria sociológica como referencial imprescindível para o ensino e para a pesquisa em educação. Acreditamos que as reflexões apresentadas neste livro não devam ser tomadas como conclusivas, mas como pontos de partida para a investigação e o ensino dos problemas teóricos e empíricos da pesquisa educacional.

Comte e a educação positivista

Auguste Comte (1798-1857) foi um pensador preocupado com a formação do que considerava uma civilização pacífica, racional e científica. Nascido em Montpellier, uma pequena cidade do interior da França, viveu em Paris em uma época de crise e agitação política decorrentes da Revolução Francesa de 1789. Por isso a educação tem uma grande importância em seu pensamento social, como meio de formação das novas mentalidades necessárias para uma civilização de progresso e harmonia.

Desde a juventude e ao longo de toda sua obra, apesar das diferenças em suas concepções em cada fase da vida, Auguste Comte reservou significativas atribuições à educação, entre as quais a tarefa de colocar em prática as ideias filosóficas e de reforma social que propunha. Assim, a preocupação com o estudo científico da educação é prioritária para Comte e compõe o seu sistema de pensamento como uma "doutrina" responsável pela transformação evolutiva do espírito humano.

A evolução do espírito humano em direção ao estado positivo

Comte acreditava que a maneira como as sociedades se organizam é o resultado das concepções de seus membros. No seu entendimento, como são as ideias que governam o mundo, elas devem fundamentar uma reorganização moral e política da sociedade.

O homem deveria, assim, elaborar suas ideias e orientar sua vida em sociedade apoiado em conhecimentos científicos, criados com base na observação pura e neutra da realidade, com objetividade e rigor, os quais, por isso, levariam a um consenso sobre a forma mais adequada de organizar a sociedade urbana e industrial que surgia, possibilitando o planejamento racional de seu desenvolvimento. Dessa maneira, iria se consolidar uma ordem social que colocaria em prática os pressupostos da filosofia positiva e, justamente por isso, seria aceita sem resistência pelos homens, tornando a sociedade equilibrada e harmônica. Os termos "positivo" e "positivismo" podem ser entendidos como parte de uma concepção intelectual que vincula diretamente o pensamento científico, considerado verdadeiro, à atividade prática que tenha eficácia política.

Em sua obra considerada a mais importante, *Curso de filosofia positiva*, é criada a Sociologia, cujo objeto de estudo deveria ser, no entendimento de Comte, a história da espécie humana, para que fosse descoberto cientificamente o que houve no passado, o que acontece no presente e o que deverá ocorrer no futuro, tendo em vista a superação da crise da sociedade moderna por um sistema de ideias científicas que fundamentaria a reorganização da sociedade. Várias pesquisas indicam que o termo "Sociologia" foi criado por Comte ainda na sua juventude, por volta de 1824, mas ele passou a utilizá-lo em sua obra de maturidade, por volta de 1838. Até então ele preferia empregar o nome de Física Social para a ciência que pretendia criar.

Baseando-se nos conhecimentos elaborados pelas ciências da natureza, em particular a Biologia e a Fisiologia, Comte propõe, então, que as sociedades humanas sejam estudadas por meio do emprego de duas categorias que considera centrais na sua Sociologia: a estática e a dinâmica. A estática estuda as condições necessárias para uma sociedade se manter em equilíbrio e harmonia, estabelecendo as bases para a existência de um consenso social entre os seus membros. Ou seja, por meio da estática, investiga-se a estrutura de uma sociedade em um momento histórico específico a fim de encontrar as condições necessárias para que prevaleça a ordem, da mesma forma como um organismo vivo funciona harmonicamente pela cooperação dos seus diversos componentes – células, tecidos, órgãos e membros –, diferentes entre si, mas integrados em um todo.

Já a dinâmica se ocupa em descrever as etapas sucessivas da história da humanidade, desde os seus primórdios até o estabelecimento do estado positivo. Em outras palavras, ela estuda a marcha evolutiva da espécie humana e explica a fase em que se encontra a sociedade estudada. Por meio da dinâmica pode ser esclarecido o caminho das sociedades humanas rumo ao progresso inevitável que as espera. No pensamento de Comte, as duas categorias, estática e dinâmica, estão relacionadas uma à outra, uma vez que o "progresso" é entendido como desenvolvimento da "ordem", um não podendo ocorrer sem o outro.

A lei dos três estados, formulada por Comte em 1822, e considerada por ele a primeira verdadeiramente sociológica, descoberta após um longo período dedicado ao estudo da Filosofia, da História, da Economia política e das ciências da época, dá contornos mais definidos ao pensamento positivista. No entendimento de Comte, a história da humanidade passa por uma evolução natural que pode ser explicada como uma marcha progressiva do espírito humano em direção à idade positiva, e deve ocorrer como um acontecimento necessário e inevitável, independentemente da vontade dos indivíduos. Por isso, a Sociologia deve estudar as leis desse desenvolvimento histórico inevitável para tornar os homens cientes das medidas que precisam ser adotadas pelas políticas governamentais, entre as quais estaria a organização de um sistema de ensino que difundiria as ideias morais e políticas indispensáveis para a consolidação do estágio positivo, que trará a felicidade para toda a espécie humana.

A lei dos três estados pode ser entendida como um processo de educação da inteligência humana, que leva a uma evolução dos estágios mais simples e primitivos até o estágio mais complexo – científico, urbano e industrial –, chamado por Comte de estado positivo ou normal. A educação dos indivíduos compreenderia também os estágios fetichista e metafísico, até chegar ao estágio normal, recapitulando, assim, de maneira acelerada – desde a infância, passando pela adolescência, até a vida adulta –, o mesmo processo evolutivo que toda a espécie humana percorreu. É dessa maneira que o indivíduo se forma como membro da espécie humana, incorporando o conhecimento passado e integrando-se ao estágio evolutivo no qual transcorre a sua vida.

Em 1818, ainda no início da carreira, Comte escreveu uma carta ao amigo Pierre Valat condenando o pensamento contratualista que influenciou a Revolução Francesa, pensamento esse visto por ele como próprio de um período de crise e de revolução, mas inadequado para a estruturação equilibrada e harmônica da sociedade. Os direitos individuais e toda a teoria dos direitos do homem eram encarados por Comte como ideias ultrapassadas e conflitantes com as necessidades coletivas, pois levavam à formulação de concepções errôneas sobre o melhor modo de organização social.

Da mesma forma, Comte era contrário ao liberalismo, que pregava a liberdade do indivíduo de escolher a atividade econômica a que se dedicaria. O contratualismo e o liberalismo econômico, para ele, levariam à anarquia, por conceberem a existência de indivíduos autônomos dedicados exclusivamente à realização de seus objetivos egoístas.

Educação positivista

A sociedade industrial só pode se estruturar se cada indivíduo for educado para contribuir de forma útil em benefício do todo social. Cabe à educação a formação moral dos membros da sociedade para que cheguem a um consenso, com base no qual prevaleceria um estado de harmonia e ordem.

Na juventude, em um estudo que ficou conhecido como "A indústria...", Comte achava que todos deveriam trabalhar produtivamente pelo bem da sociedade. Já as pessoas que nada produzissem deveriam ser julgadas inimigas da sociedade. Por isso, Comte considerava urgente o estabelecimento de um novo poder espiritual, baseado em uma nova moral, que tivesse influência sobre os indivíduos e encaminhasse a sociedade para a "perfeição social possível", tornando cada ser humano ajustado à execução de uma função particular em benefício do todo, harmonizando-se, assim, as desigualdades sociais entre os seres humanos. Esse novo poder espiritual, a exemplo do exercido pela Igreja Católica na Idade Média, deveria se dirigir a todas as classes sociais para torná-las solidárias na manutenção da ordem social. Porém, diferentemente do poder espiritual católico, baseado na teologia cristã, o novo poder espiritual deveria fundar uma moral inspirada na razão, que tornasse possível a submissão pacífica e voluntária dos espíritos, em particular da classe operária. Para desempenhar essa tarefa de reorganização social é que deveria ser reestruturada a educação universal com base no conhecimento positivo fornecido pela ciência sociológica.

É, portanto, o poder espiritual que precisa tornar a ordem social aceita pacificamente pelos indivíduos. Uma "educação geral" deve estar orientada, então, para a construção da sociedade harmônica, desenvolvendo, segundo Comte, uma moralidade natural que ensine a praticar o altruísmo em benefício da harmonia social.

Para os "chefes da indústria", Comte propunha uma "educação especial" que os capacitasse a entender e desempenhar sua função em benefício não de si mesmos, mas da sociedade como um todo. A educação industrial seria fundamental para formar a mentalidade dos empreendedores da indústria com as concepções administrativas mais avançadas e favoráveis ao progresso de toda a sociedade, e não apenas das próprias empresas.

Em sua obra, Comte reserva um lugar importante para o que chama de instrução científica do povo, tendo trabalhado pessoalmente, em 1831, na realização de um curso de "Astronomia Popular", destinado a ensinar Astronomia aos operários. Sua expectativa era que estes aprendessem o exemplo de uma "ordem real" que comanda o universo e, então, aceitassem também a existência de uma ordem social natural e invariável, que funciona independentemente da intervenção humana e à qual todos os espíritos devem se resignar.

Por meio da educação, Comte pensava em superar o estado de agitação revolucionária existente na Europa, inculcando nos operários uma moral baseada na resignação à conjuntura de desigualdade social. Essa educação serviria tanto para disciplinar quanto para adaptar os trabalhadores às mudanças que os avanços científicos e técnicos impunham ao mundo do trabalho.

Em seu sistema teórico, Comte atribuiu ao poder espiritual exercido pelos sábios a tarefa de regenerar a sociedade por meio da educação e levá-la a uma situação de progresso espiritual e material. É relevante o fato de que, a partir de 1848, já no final da vida, Comte dedicasse esforços à criação de uma "religião da humanidade", que tornaria sagrada e inquestionável a ordem social positivista por ele concebida. Passou a enfatizar também a relevância da educação do sentimento e do bom senso como esteio da nova ordem social. Enquanto o progresso do espírito humano e da sociedade é concebido como obra da razão científica, a ordem deve ser obra do coração. Comte atribui, então, grande importância à mulher e ao proletariado, que no seu entendimento seriam dotados de uma inclinação natural para o amor e a submissão e, por isso, poderiam realizar o ideal de uma educação sentimental e estética.

A religião da humanidade criada por Comte deveria consolidar essa aliança entre o coração e a inteligência, utilizando-se da educação como o veículo que levaria a formação moral às novas gerações. Em outros termos, educação e moral se fundem no sistema comtiano em um processo pedagógico organizado para tornar o indivíduo capaz de controlar o seu egoísmo por meio do progressivo desenvolvimento de suas funções afetivas e intelectuais, podendo, dessa maneira, integrar-se à ordem social positiva.

A influência do pensamento de Auguste Comte no Brasil começou a ocorrer ainda no século XIX. Um dos fundadores da República no país, Benjamin Constant foi também um dos introdutores do estudo sistemático da obra de Comte, que teve repercussão no pensamento e na prática de lideranças políticas, como no caso do presidente Getúlio Vargas, e na formulação de um modelo de organização estatal intervencionista e modernizador.

Texto complementar

Reorganização dos métodos de educação

Já os bons espíritos reconhecem unanimemente a necessidade de substituir nossa educação europeia, ainda essencialmente teológica, metafísica e literária, por uma educação positiva, conforme ao espírito de nossa época e adaptada às necessidades da civilização moderna. Tentativas variadas se multiplicaram progressivamente desde há um século, particularmente nestes últimos tempos, para propagar e aumentar incessantemente a instrução positiva, e às quais hoje os diversos governos europeus sempre se associam com empenho, quando eles próprios não tomam a iniciativa. [...] A especialidade exclusiva, o isolamento demasiadamente pronunciado que caracterizam ainda nossa maneira de conceber e de cultivar as ciências influenciam necessariamente, em alto grau, a maneira de expô-las no ensino. Se um bom espírito quiser hoje estudar os principais ramos da filosofia natural a fim de formar-se um sistema geral de ideias positivas, será obrigado a estudar separadamente cada um deles, seguindo o mesmo modo e o mesmo pormenor como se pretendesse vir a ser especialmente astrônomo ou químico, etc. Isto torna tal educação quase impossível e necessariamente imperfeita, até mesmo para as mais altas inteligências, situadas nas mais favoráveis circunstâncias. Tal maneira de proceder seria, pois, totalmente quimérica quanto à educação geral. No entanto, esta exige absolutamente um conjunto de concepções positivas sobre todas as grandes classes de fenômenos naturais. É tal conjunto que deve converter-se, de agora em diante, em escala mais ou menos extensa, até mesmo entre as massas populares, na base permanente de todas as combinações humanas, base que, numa palavra, deve constituir o espírito geral de nossos descendentes. Para que a filosofia natural possa terminar a regeneração, já tão preparada, de nosso sistema intelectual, é, pois, indispensável que as diferentes ciências de que se compõe, presentes para todas as inteligências como diversos ramos dum tronco único, se reduzam de início ao que constitui seu espírito, isto é, seus métodos principais e seus mais importantes resultados. Somente assim o ensino das ciências pode constituir para nós a base duma nova educação geral verdadeiramente racional. [...]

(COMTE, Auguste. "Primeira Lição". *Curso de filosofia positiva*. São Paulo: Abril Cultural, 1983, pp. 15-6 (Coleção Os pensadores).)

Questões propostas

1. Por que Comte considera tão relevante para a sociedade positiva a educação da massa proletária e como deve ser tal educação?
2. Explique as funções atribuídas por Comte ao poder espiritual.
3. Na sua opinião, que críticas podem ser feitas às concepções educacionais de Auguste Comte?

Durkheim: A educação como socialização e individuação

Empenhado em transformar a educação em objeto de investigação científica, o sociólogo e professor Émile Durkheim (1858-1917) trabalhou pela consolidação da sociologia como disciplina científica universitária na França, do final do século XIX até as primeiras décadas do século XX, de modo que contribuísse para o estabelecimento de uma ordem social equilibrada.

Entre os autores considerados clássicos do pensamento sociológico, Émile Durkheim é o que mais explícita e detidamente abordou a problemática educacional, que pode ser considerada um componente central de sua teoria sociológica, tendo sido professor de Pedagogia na Faculdade de Letras de Bordéus, entre os anos de 1887 a 1902, e dando continuidade à pesquisa educacional na cadeira de Ciência da Educação, ministrada na Sorbonne.

Francês nascido um ano após a morte Auguste Comte, Durkheim foi profundamente influenciado pela concepção comtiana de sociedade e ciência, acreditando também na existência de um processo social evolutivo, regido por leis naturais que ocorrem independentemente das ações individuais, o qual por isso deveria ser estudado como fenômeno da natureza por meio de uma atitude racional, neutra, sem preconceitos da parte do pesquisador. Como Comte, Durkheim também via muita semelhança entre a maneira como se estruturam as sociedades humanas e o funcionamento dos organismos biológicos.

Conceitos fundamentais da sociologia de Durkheim

Em seu clássico estudo *Da divisão do trabalho social*, de 1893, Durkheim procurou encontrar respostas para alguns problemas ao mesmo tempo teóricos e empíricos apresentados pelo processo social que gerou a sociedade moderna:

- Por meio de quais mecanismos os indivíduos integram uma sociedade?
- Como as atividades realizadas de maneira dispersa pelos indivíduos se tornam compatíveis com a existência de um todo social?
- Como e sob quais condições surge um mínimo de consenso social, de identidade coletiva, que garanta a existência de uma sociedade?
- Como surge e se desenvolve a divisão social do trabalho, com a consequente diferenciação entre as profissões e as atividades dos indivíduos na agricultura, na indústria, no comércio e nos serviços?

O conceito de consciência coletiva, desenvolvido por Durkheim e amplamente usado por ele no estudo citado anteriormente, foi criado para responder a essas questões e sintetiza um conjunto de fenômenos sociais que garante a existência de um tipo de solidariedade entre os indivíduos capaz de levar à manutenção da sociedade. Segundo ele, a consciência coletiva vem a ser o conjunto das crenças e dos sentimentos comuns à média dos membros de uma sociedade. É um sistema determinado de crenças que possui vida própria e é difuso em toda a extensão da sociedade, independentemente das condições particulares dos indivíduos, pois estes passam e a consciência coletiva permanece, ligando cada geração à seguinte. Tal consciência é a mesma no Norte e no Sul, nas grandes e nas pequenas cidades e nas diferentes profissões, possuindo uma existência objetiva e exterior aos indivíduos, influenciando-os de forma coercitiva para que consciente ou inconscientemente cultivem seus pressupostos.

Após a publicação da obra *Da divisão do trabalho social,* Émile Durkheim passou a utilizar-se mais do conceito de "representações coletivas" em seus estudos, pois este expressaria, no seu entendimento, aqueles modos de pensar que fazem parte da consciência que um grupo tem de si mesmo, ou seja, a forma como um grupo constrói sua identidade coletiva, que acaba influenciando as relações que mantém com os outros grupos humanos e com a natureza. Tais formas de pensar e de agir seriam incorporadas pelos indivíduos desde o seu nascimento. Para Durkheim, a vida social é feita essencialmente de representações coletivas apreendidas pelos indivíduos no decorrer de sua vida em determinada coletividade. Em suas palavras, para explicarmos a vida social temos de pesquisar como as representações coletivas expressam as concepções predominantes no grupo sobre si mesmo e sobre os outros, e não por meio do estudo de fenômenos de natureza psicológica que ocorreriam nas consciências individuais.

Para melhor entendermos as definições durkheimianas de consciência e representações coletivas, devemos levar em consideração o sentido que o autor dá aos fatos sociais. Enquanto Auguste Comte defendeu que os estudos sociológicos deveriam abarcar a história da espécie humana, Durkheim propôs para a Sociologia um objeto de estudo menos abrangente, que ele definiu como sendo o fato social, ou seja, aquelas formas de agir e de pensar, passageiras ou duradouras, que podem influenciar as condutas individuais de forma coercitiva, impondo-se aos indivíduos muitas vezes sem que estes percebam a origem coletiva dessas concepções, práticas ou costumes.

Os fatos sociais devem ser entendidos, pois, como formas de pensar, de sentir e de agir, isto é, representações e ações que existem fora das consciências individuais e que possuem a capacidade de se impor aos indivíduos, como costumes, crenças a moralidade ou a educação. Segundo Durkheim, os fatos sociais fazem que o ser social seja acrescentado ao ser individual, ou ainda, em outras palavras, que o ser moral seja acrescentado ao ser animal, levando os indivíduos a desenvolver certas maneiras de pensar, de sentir ou de agir que não teriam se vivessem em outros grupos humanos. De maneira didática, os fatos sociais podem ser reconhecidos:

- Pela coerção que exercem sobre os indivíduos, influindo para que tenham determinadas condutas, como ocorre nos fenômenos de multidão, na adesão a uma moda ou em correntes de opinião que suscitam, por exemplo, o desejo de se casar ou de se suicidar;
- por sua generalidade, na medida em que manifestam um fenômeno que atinge uma coletividade;
- por apresentarem uma existência objetiva, independente e exterior aos indivíduos e poderem ser observados por meio de indicadores estatísticos e códigos legais, por exemplo;
- por possuírem uma causa social anterior que os gerou;
- porque desempenham uma função específica em determinada sociedade, que pode ser tanto para a sua integração quanto para a sua desintegração social.

De acordo com a metodologia de estudo proposta por Durkheim, quando o pesquisador inicia sua investigação sobre o mundo social deve considerar que está adentrando em um universo totalmente desconhecido. Os fatos sociais devem, pois, ser estudados como "coisas", isto é, observados como se fossem fatos físicos, químicos ou biológicos, em relação aos quais o pesquisador deve ter uma atitude mental capaz de impedir que a sua opinião contamine o resultado do estudo que realiza. Durkheim pretendia demonstrar com isso que a Sociologia não pode tratar de um fenômeno social da mesma forma como é feito pelas pessoas leigas no assunto. As impressões do senso comum, do cotidiano, ou seja, os preconceitos, devem ser eliminadas dos estudos científicos sobre os fenômenos sociais.

Para Durkheim, é necessário, ainda, a busca de uma explicação causal, que leve à descoberta da causa eficiente que gerou um fenômeno social, identificação do fenômeno antecedente que o produziu. Para Durkheim, a causa de um fenômeno social deve ser procurada no próprio meio social que o produziu. Para chegar a tal resultado, o sociólogo deve lançar mão de um método que verifique as variações do fenômeno estudado em diferentes sociedades ou circunstâncias. Em outras palavras, trata-se do uso de um método que: a) compare os casos em que o fato social se apresenta simultaneamente ou se ausenta; b) verifique as variações nas diferentes circunstâncias, para observar se um fato depende de outro ou, se o fato aparece em uma sociedade, qual evento o antecede. Ocorre o mesmo na outra sociedade?

Para complementar seu estudo, o sociólogo deve realizar uma explicação funcional do fenômeno tratado, identificando a função que o fato social exerce na sociedade e qual sua utilidade para o equilíbrio, a harmonia da sociedade em questão, ou quais os problemas que gera.

EDUCAÇÃO: SOCIALIZAÇÃO E INDIVIDUAÇÃO

No primeiro capítulo de seu livro *As regras do método sociológico,* no qual apresenta sistematicamente a definição de fato social, a educação é discutida por Durkheim como um exemplo que ilustra a teoria sociológica proposta. O objetivo da educação, para ele, é o de criar o "ser social" com base em uma forma de "coação permanente exercida sobre a criança" pelo meio social para "moldá-la à sua imagem, e da qual os pais e professores não passam de representantes e intermediários" (Durkheim, 1978: 89).

Para entendermos como a educação é um fato social basta observarmos que o comportamento das crianças não é espontâneo, e sim ensinado pelo grupo à sua volta, que impõe valores, sentimentos e costumes, como os hábitos de higiene, alimentação, vestuário etc. Quando o processo educacional é bem-sucedido, a coerção que o grupo exerce em cada membro nem é sentida, parecendo a todos que são hábitos naturais e espontâneos de cada um.

A consciência coletiva, por exemplo, é definida por Durkheim como um fato social primordial para a existência da sociedade, pois garante a ocorrência de uma solidariedade social entre os indivíduos, está presente objetivamente fora das consciências individuais e forma nessas mesmas consciências a identidade coletiva que propicia a vida social.

A educação é um instrumento da consciência coletiva, por meio do qual a sociedade socializa as novas gerações de acordo com os seus pressupostos morais, religiosos etc. Assim, cada sociedade "considerada em momento determinado de seu desenvolvimento possui um sistema de educação que se impõe aos indivíduos de modo geralmente irresistível" (Durkheim, 1955: 26). Para conceituar precisamente o termo "educação", como era o seu costume, o sociólogo francês formulou a seguinte definição:

> A educação é a ação exercida pelas gerações adultas sobre as gerações que não se encontram ainda preparadas para a vida social; tem por objeto suscitar e desenvolver na criança certo número de estados físicos, intelectuais e morais, reclamados pela sociedade política, no seu conjunto, e pelo meio especial a que a criança, particularmente, se destine. (Durkheim, 1955: 32)

Com base nessa definição, pode-se entender a educação como um processo de reprodução de uma certa sociedade, por meio da socialização das novas gerações. É por isso que as novas gerações devem ser educadas levando-se em consideração que a sociedade se encontra diante de uma *tábula rasa*.

De acordo com a sua condição de fato social que atende a todas as características apontadas anteriormente, a educação é um fenômeno da consciência coletiva que se impõe aos indivíduos, fazendo que o ser social seja acrescentado ao ser animal de cada membro da sociedade, ensinando-lhe certas maneiras de pensar, de sentir ou de agir que os indivíduos não teriam se houvessem vivido em outros grupos humanos.

Nas sociedades modernas, a educação integra um conjunto de fatos sociais que promovem o processo de individuação dos seus membros, ou seja, o processo histórico que leva os seres humanos a se pensarem como indivíduos livres e iguais aos demais. Esse processo de individuação faz parte de um amplo processo de transformação ocasionado pela evolução da consciência coletiva de uma solidariedade social de tipo mecânico para uma sociedade estruturada com base na existência de uma solidariedade orgânica.

A solidariedade mecânica é um estado da consciência coletiva no qual os indivíduos são educados de modo a diferir pouco entre si e a compartilhar sentimentos e valores, reconhecendo os mesmos objetos como sagrados. Tais agrupamentos humanos, fundamentalmente comunidades tribais e clânicas, tornam-se coesos em razão da existência de um consenso que surge da igualdade social que leva os membros da coletividade a não se conceberem como seres singulares, independentes e com interesses próprios distintos dos do grupo. A solidariedade orgânica é o segundo e mais complexo estado da consciência coletiva no qual esta educa os indivíduos a se diferenciar dos demais, como os órgãos de um ser vivo, cada qual exercendo uma função própria na divisão do trabalho social, função esta que deverá beneficiar o todo orgânico.

Nas coletividades em que impera a consciência coletiva de tipo mecânico, a consciência individual é quase inexistente e não ocorre o processo de individuação. Já nas sociedades de solidariedade orgânica, a consciência coletiva educa para certa autonomia dos indivíduos quanto às suas ações, crenças e preferências.

Durkheim concebe, assim, o desenvolvimento da solidariedade orgânica como um processo social objetivo, por meio do qual o indivíduo nasce e é conformado pela sociedade.

Solidariedade social e educação

Há um primado da sociedade sobre os indivíduos, pois primeiro teriam existido sociedades em que os indivíduos se assemelhavam uns aos outros e ficavam perdidos no todo. Posteriormente, surgiram as sociedades nas quais os indivíduos se diferenciavam do todo e possuíam consciência de sua individualidade, muito embora tal consciência não brotasse do próprio indivíduo, mas fosse resultante da consciência coletiva. Ao longo da história desenvolveu-se um conjunto de crenças, valores morais, leis, costumes, concepções estéticas e práticas econômicas que cabe à educação introduzir nas consciências individuais das novas gerações de educandos. Para tanto, a educação deve ter duas dimensões combinadas, desenvolvendo-se, ao mesmo tempo, de forma unificada para o conjunto da sociedade em questão e de maneira diversificada para favorecer o desenvolvimento de capacidades individuais e grupais especializadas.

Em razão do crescimento populacional (volume), do aumento da densidade material, que é a proporção de indivíduos em relação à superfície do solo, intensificam-se também as comunicações entre os indivíduos (densidade moral) e, por tudo isso, acirra-se a luta pela vida. A cooperação vinda da divisão do trabalho social é uma solução pacífica da luta pela vida, com a competição e a eliminação dos concorrentes sendo substituídas pela especialização de funções, profissões, papéis sociais e pela cooperação.

A consciência coletiva deve educar os membros da sociedade para uma vida social mais complexa, fundamentada numa solidariedade que se desenvolva com base nas diferentes funções desempenhadas pelos indivíduos, e não com base em sua igualdade. Cada personalidade individual deve desenvolver habilidades específicas que a tornem capacitada para desempenhar uma função que contribua para o conjunto social, integrando, dessa forma, o indivíduo à sociedade. Conforme explica Durkheim, as especificidades das formas de pensar e habilidades individuais não nascem nos próprios indivíduos, mas são na realidade suscitadas pela coletividade, que necessita que algumas funções sejam desempenhadas de maneira especializada, dividindo o trabalho de modo a promover o bem-estar de todos, fundamentado na complementaridade entre as partes.

Deve ser ressaltado, ainda, que no pensamento de Durkheim há uma diferenciação bem demarcada entre educação e pedagogia. A primeira, como vimos, nomeia o processo de socialização dos membros de cada sociedade desde o seu nascimento e pode ocorrer mesmo que as gerações adultas não tenham parado para refletir sobre as características da formação que pretendem destinar aos mais jovens. Ao passo que a pedagogia é uma orientação consciente da ação educativa sistemática que visa formar as novas gerações. Entre ambas deve haver uma complementaridade, como o próprio autor esclarece, ao afirmar que o papel da pedagogia "[...] não é o de substituir a prática educativa, mas guiá-la, esclarecê-la, auxiliá-la, remediando as lacunas que venham a produzir-se, e corrigindo as insuficiências que venham a ser observadas" (Durkheim, 1955: 55).

O principal problema que Durkheim identifica nas sociedades modernas se deve ao fato de que, na prática, uma divisão do trabalho social mais sofisticada não produz a solidariedade social necessária para solidificar os vínculos entre seus membros. Mesmo em meio ao progresso e à prosperidade econômica crescente, a humanidade não se torna mais feliz. Na medida em que a sociedade passa a funcionar como um todo orgânico, cada órgão começa a desenvolver certa autonomia e o contato direto entre os produtores e consumidores deixa de existir. O produtor não consegue mais abranger o mercado pela visão ou pela intuição. Em consequência, a produção passa a ocorrer de forma anárquica, sem freios nem planejamento.

Surgem, assim, as crises geradas pela aparente desconexão entre os segmentos sociais; o mercado amplia-se; aparecem a grande indústria e as grandes cidades; ocorre a mecanização da produção e a substituição do trabalhador pela maquinaria; e o operário passa a atuar de acordo com os regulamentos da empresa, sem contato com aquele que o emprega e afastado o dia inteiro da família; a divisão do trabalho social diminui a importância de cada indivíduo no todo social, reduzindo-o ao papel de máquina; o agente individual não percebe para que serve o seu trabalho e se submete a uma rotina sem compreendê-la.

Nas sociedades modernas o indivíduo não se percebe como uma célula de um organismo, que deve desempenhar a sua função específica, mas primordial, para o bem-estar do todo. Não se pode, segundo o autor, ficar indiferente a tal aviltamento da natureza humana. A divisão do trabalho social deve resolver essas anomalias, tornando os indivíduos conscientes da interdependência existente entre suas funções. Decorre desse problema de falta de coesão social a necessidade de uma educação ao mesmo tempo una e múltipla como a apresentada, que possibilite que a consciência coletiva vincule cada membro ao todo social, impedindo assim a desagregação e a anomia.

Texto complementar

Diferenças entre educação e pedagogia

Confundem-se, quase sempre, estas duas palavra "educação" e "pedagogia". Devem elas, no entanto, ser cuidadosamente diferenciadas.

A educação é a ação exercida, junto às crianças, pelos pais e mestres. É permanente, de todos os instantes e geral. Não há período na vida social, não há mesmo, por assim dizer, momento no dia em que as novas gerações não estejam em contato com seus maiores, e, em que, por conseguinte, não recebam deles influência educativa. De fato, essa influência não se faz sentir somente nos curtos momentos em que pais e mestres comunicam conscientemente, por via do ensino propriamente dito, os resultados de sua experiência aos que vêm depois deles. Há uma educação não intencional que jamais cessa. Pelo nosso exemplo, pelas palavras que pronunciamos, pelos atos que praticamos – influímos de maneira contínua sobre a alma de nossos filhos.

Coisa diversa é a pedagogia. Ela não consiste em ações, mas, em teorias. Essas teorias são maneiras de conceber a educação, não são maneiras de praticá-la. Por vezes, distinguem-se das práticas em uso, a ponto de se oporem a elas, francamente. A pedagogia de Rabelais, a de Rousseau ou a de Pestalozzi, estão em conflito com a educação de seu tempo. A educação não é, portanto, senão a matéria da pedagogia; e esta consiste num certo modo de refletir a respeito das coisas da educação.

Na verdade, a pedagogia é intermitente, ou o foi, pelo menos no passado; ao passo que a educação é contínua. Há povos que não tiveram pedagogia propriamente dita; de modo geral, ela não aparece senão em época relativamente avançada da história. Não se encontra na Grécia, senão depois da época de Péricles, com Platão, Xenofonte e Aristóteles. Em Roma, apenas se assinala. Nas sociedades cristãs, não foi senão no século XVI que ela veio a produzir obras importantes; e o surto, que teve nessa época, abrandou-se de muito no século seguinte para só voltar ao mesmo vigoroso desenvolvimento no século XVIII.

É que o homem não reflete sempre, mas somente quando lhe seja necessário; e as condições para a reflexão não são sempre por toda parte as mesmas.

(DURKHEIM, Émile. *Educação e sociologia*. São Paulo: Melhoramentos, 1955, pp. 45-6.)

Questões propostas

1. Por que, segundo Durkheim, a educação pode ser considerada um fato social?
2. Explique como Durkheim diferencia "educação" e "pedagogia".
3. Em sua opinião, quais problemas podem surgir quando o indivíduo é educado apenas para se adaptar a uma função que irá desempenhar na divisão do trabalho social?

Educação, racionalização e burocratização em Weber

Considerado por muitos estudiosos o mais erudito dos fundadores da Sociologia, o cientista social alemão Max Weber (1864-1920) demonstrou em seus ensaios e conferências uma grande preocupação com a dimensão racionalizadora da educação nas sociedades modernas, que tem como consequências o "desencantamento do mundo" e a perda de valores que orientem as relações humanas.

Para Max Weber, no mundo ocidental ocorreu um processo de racionalização que chegou ao extremo. Sua investigação tentou descobrir por que essa racionalização ocorreu no Ocidente e não em outra região do mundo, tendo em vista que em muitas civilizações já se haviam desenvolvido formas específicas de racionalidade. Sua obra permite uma abordagem da educação como uma dimensão do processo mais amplo de racionalização que singulariza historicamente a vida moderna no Ocidente. E a educação não escapa à tendência de racionalização e de burocratização dos indivíduos e das sociedades modernas, desenvolvendo nos seres humanos aquelas formas de racionalidade técnica e científica que buscam a adequação dos meios disponíveis às finalidades utilitárias visadas pelos agentes, ao mesmo tempo que as estruturas administrativas burocráticas visam à limitação dos interesses individuais a uma dominação racional-legal que torne possível a vida social.

Em seu pensamento, o ponto de partida para se chegar a uma explicação causal sobre a origem da racionalização do Ocidente é o estudo da ação social do indivíduo, já que os fenômenos sociais têm como causa as ações individuais dotadas de sentido. Uma conduta com um sentido é aquela ação que o agente realiza tendo como referência a ação de outro agente social. A sociologia weberiana se realiza como uma tentativa de compreender a ação social do indivíduo, por meio da interpretação do sentido que o agente atribui à sua conduta, sua possível causa e seus efeitos presumidos. Relação social é um fenômeno que ocorre quando mais de um indivíduo age orientando suas ações para o mesmo objeto, como o mercado, por exemplo, no qual os indivíduos vão comprar e vender na expectativa de que os outros também o façam e que a moeda aceita num momento em uma transação volte a ser aceita posteriormente. Em outras palavras, quando os indivíduos realizam suas ações compartilhando um motivo entre si, ou tendo como referência um conjunto indeterminado de outros indivíduos, ocorre uma relação social.

Para Weber, o alvo do tipo de investigação que realiza é uma interpretação do motivo subjetivo que leva o indivíduo a realizar sua ação. Para escrevermos de outra forma, como somente os indivíduos podem agir com motivos próprios, a sua sociologia toma como ponto de partida da pesquisa a conduta do agente individual.

Não há, contudo, um sentido único que possa ser captado para sempre pelo investigador, uma vez que os agentes podem estar motivados por um número variável de sentidos. Portanto, conclui-se que uma interpretação sociológica de uma realidade humana jamais poderá ser tomada como exata ou como a única verdadeira, já que os motivos dos indivíduos variam muito e acaba ocorrendo o fato de um sociólogo julgar que um motivo é o mais relevante, quando, para outro pesquisador, de acordo com as informações de que dispõe, a explicação pode ser completamente diferente. Por isso, é o pesquisador que atribui o significado que julga como explicativo de um fenômeno social.

Para tentar interpretar ações reais dos indivíduos, ou seja, os motivos que os levam a agir, Weber criou quatro modelos comparativos, os chamados tipos ideais, que servem apenas para orientar o pesquisador na busca de uma explicação sobre os sentidos dessas ações. Como em sua sociologia não se pode descobrir exatamente os motivos que levam os indivíduos a agir, porque estes são inesgotáveis, os modelos criados pelo sociólogo permitem a elaboração de hipóteses interpretativas para o estudo dos fenômenos sociais. Podemos tomar como exemplos do seu método de investigação os quatro tipos ideais de ação social criados por ele com base no isolamento puramente didático das características das ações individuais: ação racional com relação a fins; ação racional com relação a valores, ação afetiva e ação tradicional.

O processo de racionalização que ocorreu na história do Ocidente pode ser atribuído a uma mudança na conduta dos indivíduos, que aos poucos deixam de agir motivados pelo costume e pela tradição; deixam de agir por impulso, de modo apenas emocional e irracional; e também deixam de agir motivados por princípios éticos, morais e religiosos, passando a se orientar quase unicamente por objetivos estabelecidos de maneira racional, voltados à conquista de fins utilitários.

Em seu livro mais conhecido, *A ética protestante e o espírito do capitalismo,* publicado em 1905, Weber expõe a pesquisa que realizou para descobrir as origens do capitalismo burguês, com sua organização racional do trabalho. Segundo o autor, o moderno capitalismo racional baseia-se não só nos meios técnicos de produção, mas também em determinado sistema legal e administrativo orientado por regras formais impessoais. Além desses aspectos, é ressaltado nesse livro o papel determinante da capacidade e disposição dos homens em adotar certos tipos de conduta racional que devem ser atribuídos a formas mágicas e religiosas, aos ideais de dever e éticos decorrentes dessas forças que sempre foram um dos mais importantes componentes da conduta racional do capitalista. No primeiro capítulo, tenta demonstrar de que forma os protestantes, como classe dirigente ou dirigida, sempre manifestaram uma tendência específica para o racionalismo econômico, diferentemente da conduta ética ou moral observada, por exemplo, nos católicos mais tradicionalistas. Para ele, a razão dessas diferentes atitudes deve ser procurada no caráter intrínseco permanente das crenças religiosas dos protestantes, e não em situações temporárias. Por isso o autor investiga quais elementos particulares das religiões protestantes influenciaram o desenvolvimento de uma conduta racional e ética que favorece a forma capitalista de acumular riqueza e administrá-la racionalmente.

Do estudo da biografia de Benjamin Franklin, Weber retirou as características que podem definir o espírito capitalista, ou seja, a mentalidade do empresário capitalista que pode ser exemplificada pela valorização da honestidade como um meio útil para assegurar o crédito; e o uso de todo o tempo disponível em atividades que levem a ganhos econômicos.

O "espírito do capitalismo" e a educação

Para que o capitalismo viesse a prevalecer na história, não bastava que indivíduos isolados tivessem essa forma de pensamento, mas havia a necessidade de esse utilitarismo racional permear a visão de mundo de grupos inteiros de homens. Em outras palavras, quando o "espírito do capitalismo" se desenvolve, ele produz o próprio capital e o dinheiro necessário para atingir seus fins, e, na medida em que civilizações inteiras passam por um processo educacional que considera que o trabalho deve ser executado como um fim absoluto em si mesmo, como uma vocação e que o homem existe em razão do seu negócio, e não o inverso, estão constituídas as motivações humanas que levarão à expansão do capitalismo moderno. Weber estabelece, então, um possível nexo entre esse espírito capitalista e a ética do protestantismo ascético que caracteriza o calvinismo, o pietismo, o metodismo e o movimento batista e suas seitas.

O ascetismo, com a apologia do trabalho e a restrição ao consumo, ao mesmo tempo que libera a busca da riqueza incentiva uma compulsão ascética à poupança. Com as imposições contra os usos mundanos do dinheiro, a riqueza adquirida só poderia ser usada produtivamente como investimento de capital. Daí podemos concluir uma complementaridade entre a ética protestante e o espírito do capitalismo, descritos pelo sociólogo com o intuito de explicar uma possível origem histórica do capitalismo.

O capitalismo se desenvolve quando passam a predominar as ações do tipo racional com relação a fins que permitem a busca da riqueza, por meio de uma "organização capitalista permanente e racional" para a "procura do lucro, de um lucro sempre renovado, da 'rentabilidade'" (Weber, 1985: 4), e o seu uso como investimento de capital.

A propriedade acumulada, como resultado alcançado pelo espírito empreendedor e ascético, é o signo que distingue aqueles que chegam ao sucesso de todos os demais que concorrem no mercado com o mesmo objetivo. A origem dessa nova mentalidade capitalista remonta à Reforma Protestante com seu estímulo para a orientação ascética da conduta individual. De acordo com essa reflexão weberiana, as formas de representação religiosa se desdobram em formas de racionalidade características da Era Moderna e podem ser exemplificadas pela conduta racional capitalista de busca irrefreável de rentabilidade, ou seja, um lucro sempre renovado a ser acumulado sem limitações por um indivíduo.

Esse processo de racionalização da conduta individual decorre da destruição das concepções míticas, religiosas e metafísicas do mundo, gerando, em consequência, uma cisão entre os indivíduos e a sociedade. Tal cisão leva a um progressivo "desencantamento do mundo". O indivíduo perde, assim, o sentido da própria vida ao romper seus vínculos comunitários em favor da acumulação individual da riqueza.

Abandonado à racionalidade finalista, sua atividade social termina subordinada a um aparato administrado burocraticamente por meio de normas racionais que tolhem a sua liberdade, reduzindo a vida humana à função desempenhada no interior de uma estrutura organizacional.

Chegando a uma interpretação histórica que se revela crítica e pessimista, para Weber o trabalho se torna, assim, uma atividade especializada que se afasta da realização da "universalidade" do ser humano e do desenvolvimento de suas potencialidades físicas e espirituais, representando, na realidade, uma verdadeira renúncia em relação a essa "universalidade", como escreveu, concordando com a interpretação de Goethe, na obra *Fausto*, que também considerava a conduta racional do "espírito do moderno capitalismo" e o estilo de vida austero e disciplinado dos trabalhadores alemães de classe média como uma "despedida de uma era de plenitude e beleza humana".

A burocracia leva à predominância da racionalidade técnica e instrumental na vida social, possibilitando o desenvolvimento de formas de pensar práticas e objetivas que caracterizam a personalidade dos profissionais peritos em suas áreas de atuação. De acordo com essa interpretação weberiana, os desdobramentos desse processo de racionalização são amplos e criam a necessidade de novas formas de treinamento e preparação educacionais, tornando as universidades europeias e as escolas técnicas e de ensino médio dotadas de modalidades de administração e de pedagogia voltadas para o atendimento às demandas de profissionais que irão compor os quadros burocráticos das organizações modernas.

O diploma universitário gera uma nova forma de estratificação social, que antes era de responsabilidade dos títulos de nobreza e que nas sociedades modernas resulta nos privilégios dos trabalhadores que ocupam as posições de maior prestígio e remuneração nas organizações. A quantidade de técnicos e funcionários com disciplina e competência especializada depende, pois, de exames que atestem ambas as qualificações, resultando em um grande prestígio que os títulos educacionais passam a representar para os seus detentores, possibilitando alocações mais rentáveis no mercado de trabalho.

A procura dos títulos educacionais mais prestigiosos é que legitima a existência de exames cada vez mais rigorosos na seleção. Para o êxito em um sistema de educação baseado em testes seletivos, é necessária uma preparação lenta, de longo prazo e economicamente dispendiosa, acessível às camadas sociais privilegiadas. Weber estava atento para tais efeitos da burocratização na educação escolar. Em consequência, os indivíduos se sentem impulsionados à participação em processos educativos baseados em conteúdos curriculares e exames, mas, na realidade, não valorizam de fato os processos de aprendizagem, e sim os certificados que podem ser obtidos e que lhes garantirão as credenciais para as carreiras burocráticas almejadas.

Pode-se, assim, interpretar o fenômeno educativo como economicamente relevante, já que possui uma consequência na forma de estruturação econômica da sociedade e influi na manutenção material dos indivíduos e coletividades. Ao mesmo tempo também é um fenômeno condicionado no aspecto econômico, por visar a adaptação dos indivíduos a uma ordem social planejada, especializada, parcelarizada e hierarquizada, e por difundir os valores que orientam a razão finalista que leva o indivíduo a se empenhar na busca de seus interesses singulares, quer como um funcionário especializado, metódico e disciplinado, quer como empreendedor capitalista.

A pesquisa educacional orientada pelo referencial teórico fornecido pelo pensamento de Weber deve partir do pressuposto de que as sociedades modernas passam por um processo de burocratização que depende da qualificação e da seleção baseadas em um sistema de "exames especializados". Os países mais desenvolvidos do ponto de vista capitalista, a exemplo dos Estados Unidos e da Alemanha, promovem treinamentos especializados que são essenciais para os serviços prestados pelo Estado.

Podemos investigar, por exemplo, em que medida as formas de divisão racional, parcelarizada e hierarquizada das tarefas nas modernas organizações públicas ou privadas administradas burocraticamente dependem de processos educacionais seletivos baseados em exames, e em que medida as escolas promovem processos educativos adaptados a tais exigências.

Texto complementar

Racionalização da educação e treinamento

O desenvolvimento moderno da plena burocratização coloca em primeiro plano, irresistivelmente, o sistema de exames racionais, especializados. A reforma do serviço público importa, gradualmente, o treinamento especializado para os Estados Unidos. Em todos os outros países, esse sistema também progride, partindo de seu berço principal, a Alemanha. A crescente burocratização da administração fortalece a importância do exame especializado na Inglaterra. Na China, a tentativa de substituir a burocracia semipatrimonial e antiga por uma burocracia moderna trouxe o exame especializado; tornou o lugar de um sistema de exames antigo e estruturado de forma muito diferente. A burocratização do capitalismo, com sua exigência de técnicos, funcionários, preparados com especialização, etc., generalizou o sistema de exames por todo o mundo. Acima de tudo, a evolução é muito estimulada pelo prestígio social dos títulos educacionais, adquiridos através desses exames. É ainda mais o caso quando o título educacional é usado com vantagem econômica. Hoje, os diplomas são o que o teste dos ancestrais foi no passado, pelo menos onde a nobreza continuou poderosa: um pré-requisito para a igualdade de nascimento. Uma qualificação para um canonicato e para o cargo estatal.

O desenvolvimento do diploma universitário, das escolas de comércio e engenharia, e o clamor universal pela criação dos certificados educacionais em todos os campos levam à formação de uma camada privilegiada nos escritórios e repartições. Estes certificados apoiam as pretensões de seus portadores, de intermatrimônios com famílias notáveis (nos escritórios comerciais, as pessoas esperam naturalmente a preferência em relação à filha do chefe), as pretensões de serem admitidas em círculos que seguem "códigos de honra", pretensões de remuneração "respeitável" ao invés da remuneração pelo trabalho realizado, pretensões de progresso garantido e pensões na velhice e, acima de tudo, pretensões de monopolizar cargos social e economicamente vantajosos. Quando ouvimos, de todos os lados, a exigência de uma adoção de currículos regulares e exames especiais, a razão disso é, decerto, não uma "sede de educação" surgida subitamente, mas o desejo de restringir a oferta dessas posições e sua monopolização pelos donos dos títulos educacionais. Hoje, o "exame" é o meio universal desse monopólio e, portanto, os exames avançam irresistivelmente. Como a educação necessária à aquisição do título exige despesas consideráveis e um período de espera de remuneração plena, essa luta, significa um recuo para o talento (carisma) em favor da riqueza, pois os custos intelectuais dos certificados de educação são sempre baixos, e com o crescente volume desses certificados os custos intelectuais não aumentam, mas decrescem.

(WEBER, Max. "A Racionalização da Educação e Treinamento". In: GERTH; MILLS, 1982, pp. 277-82.)

Questões propostas

1. Quais são as influências, segundo Weber, do amplo "processo de racionalização" ocorrido nas sociedades capitalistas modernas sobre a educação?

2. Explique como Weber associa os diplomas educacionais modernos, obtidos por meio de exames, como o processo de expansão das organizações burocráticas nas sociedades modernas.

3. Segundo Weber, como podemos entender que "o desenvolvimento do diploma universitário [...] e o clamor universal pela criação dos certificados educacionais em todos os campos levam à formação de uma camada privilegiada nos escritórios e repartições"?

Educação e planejamento em Mannheim

A obra de Karl Mannheim (1893-1947) passou a ser conhecida a partir de 1929, ano em que publicou o livro *Ideologia e utopia*, hoje considerado um clássico da Sociologia. Após vivenciar os conflitos e perseguições provocados pelo advento do regime nazista na Alemanha e pela Segunda Guerra Mundial, como professor imigrante na Inglaterra, lecionou a disciplina de Sociologia na prestigiosa London School of Economics, realizando investigações e publicando textos que propunham o planejamento racional da educação das novas gerações como um meio para a construção de uma civilização democrática.

O problema central no pensamento do filósofo e sociólogo Karl Mannheim é a construção de uma modalidade social voltada para a intervenção nas sociedades modernas segundo um planejamento racional. Para que essa intervenção racional possa ocorrer, ele defende a ideia de que haja nas sociedades modernas um planejamento democrático que possibilite a coordenação racional de diferentes técnicas sociais, como a educação, a administração, a propaganda etc. Fortemente influenciado pelas análises da sociologia da educação de Max Weber, buscou, entretanto, substituir o pessimismo da teoria sociológica weberiana pela ideia de intervenção racional e planejamento na área educacional.

Na concepção mennheimina, a modernidade torna a Sociologia uma ciência imprescindível, em particular com relação ao estudo da educação, necessária em uma nova sociedade na qual os saberes e vínculos tradicionais acabariam inevitavelmente substituídos por uma forma de vida baseada na racionalidade própria de uma civilização urbana e industrial.

Técnicas sociais seriam então os instrumentos utilizados para um adequado controle social, desenvolvidos por meio de métodos que possibilitem que o comportamento humano seja influenciado a fim de que se adapte às formas de interação e organização sociais de acordo com as normas e padrões vigentes.

Em decorrência, a educação é caracterizada por Mannheim como uma possibilidade de desenvolvimento e construção do equilíbrio social, sem que, contudo, seja transformada em uma técnica de manipulação dos grupos sociais. Mesmo não sendo propriamente um sociólogo da educação, em suas investigações, empenhou-se no estudo das possibilidades de adaptação dos sistemas escolares às exigências apresentadas pelas sociedades modernas. Também era sua preocupação estudar como planejar os processos de socialização das novas gerações tendo em vista sua contribuição para uma ordem social planificada. A escola deveria desempenhar essa função essencial em uma nova sociedade, uma vez que as famílias e os grupos comunitários tendem a perder a preeminência na formação educacional dos indivíduos.

EDUCAÇÃO PARA A DEMOCRACIA

A escola não está isolada das influências da sociedade e não deixa de exercer influência sobre esta, em articulação com outras instâncias da vida social. Em síntese, para Mannheim, cabe à escola a função de transmitir as informações consideradas importantes no arcabouço cultural e técnico da sociedade na qual está inserida. Também é dever da escola formar as novas gerações com atitudes e valores favoráveis à procura dos conhecimentos necessários para a vida em sociedade, sem descuidar ainda da imprescindível função de qualificar o aluno para uma carreira profissional.

A escola pode tanto contribuir para a manutenção da ordem social quanto para sua alteração, tendo em vista que, no entendimento de Mannheim (1982: 156), "a tarefa da educação não é simplesmente formar pessoas ajustadas à situação presente, mas também pessoas capacitadas a operarem como agentes do desenvolvimento social, levando-o a um estágio mais avançado". Inserida em um conjunto de técnicas desenvolvidas para o planejamento racional da vida, a educação pode contribuir para a socialização dos indivíduos de acordo com os pressupostos da democracia, tornando-os preparados para um tipo de comportamento democrático definido como elemento importante para a integração em uma ordem social democrática, baseada no diálogo e na resolução pacífica dos conflitos, e não na imposição da vontade de cada um por meio do uso da força.

Texto complementar

A sociologia da educação

A escola é apenas um órgão da sociedade interessado pela educação. Assume seu lugar ao lado do lar, da ordem industrial, da igreja, dos organismos voluntários, dos serviços sociais, dos meios de comunicação de massa. Podemos estabelecer utilíssima distinção entre educação formal e informal, mas devemos reconhecer que, embora demos à escola o lugar de grande importância a que ela faz jus, o efeito total da educação não se manifestará apenas através dos órgãos formais. Na verdade, parte da responsabilidade da escola será permitir aos alunos descobrirem cada vez mais as influências informais que esvoaçam, incessante mas rapidamente, pelo campo de sua percepção. [...]

Embora exista para servir à sociedade, preparando jovens em padrões aceitos, compete à escola também ajudar na tarefa de seleção social, usando-se esse termo em sentido estritamente neutro e sem implicações de privilégio. As escolas não granjeiam a consideração da sociedade a que pertencem tão somente através dos próprios esforços, por mais importantes que sejam. Muitas vezes conquistam prestígio porque preparam os alunos para carreiras muito procuradas e para as quais outras escolas não os preparam. Em outras palavras, a posição de uma escola é, em parte, determinada pelas oportunidades de carreiras que oferece, donde se infere que sua função seletiva não é tão somente uma questão intelectual, pela qual se reúnem numa escola os alunos de um nível semelhante de capacidade, senão também uma questão social e econômica. A fim de ilustrar esse ponto diremos que todos os educadores devem examinar atenta e minuciosamente o que significa a expressão paridade de estima e por aí verão que, por esplêndidos que sejam os edifícios e equipamentos de uma escola, estes não representam os principais critérios que lhe valem sua reputação. Teríamos de considerar o número de anos que os alunos comumente passam na escola; as qualificações e o treinamento do corpo docente; a variedade dos cursos proporcionados pela escola; o gênero de empregos que se oferecem aos alunos – e assim por diante. Se olhássemos para nossas instituições educacionais dessa maneira e, sobretudo, se as confrontássemos com a prática de outros países, estaríamos em condições de escrever alguns capítulos valiosíssimos de história social.

(MANNHEIM, Karl; STEWART, W. A. C. *Introdução à Sociologia da Educação*. São Paulo: Cultrix, 1972, pp. 177-8.)

QUESTÕES PROPOSTAS

1. Explique por que Mannheim atribui uma grande importância ao planejamento democrático da educação em uma sociedade.
2. Identifique semelhanças e diferenças entre as concepções e propostas de Weber e Mannheim relativas à educação.

Sociologia da educação no pensamento de Marx

Infindáveis controvérsias envolvem o nome e a obra do pensador alemão Karl Marx (1818-1883). Mais relevante, porém, do que um posicionamento contrário ou favorável às suas teses é entendermos, por meio das suas concepções teóricas, a sociedade como uma totalidade complexa, de "múltiplas determinações". No conjunto da vida social, a educação se constitui como um processo resultante, mas que influencia tanto as relações sociais entre os membros da sociedade quanto as suas condições materiais de vida.

Um ponto de partida para o estudo da dimensão educativa da obra do pensador alemão Karl Marx é a reflexão sobre a terceira das suas 11 *Teses contra Feuerbach*, na qual se coloca em uma perspectiva diferente daquelas que abordamos ao tratar das obras de Comte e Durkheim, que concebiam a educação com um processo unilateral que torna os indivíduos meros receptáculos de uma formação imposta pelo sistema social. Para ele, as circunstâncias em que vivem os seres humanos influenciam na sua educação, mas esses mesmos seres humanos também transformam a educação herdada das gerações passadas, e "o próprio educador deve ser educado" (Marx, 1978b: 52).

Essa tese revela que a educação não é algo pronto a ser imposto às cabeças vazias das novas gerações, como prevê, por exemplo, a concepção educacional durkheimiana. A perspectiva marxiana considera a educação uma relação social que se estabelece entre os sujeitos de uma sociedade. Como esta é encarada como um processo social em mutação constante, a educação é um elemento que deve ser considerado também em permanente transformação. Se por um lado Marx julga que os homens são o produto das circunstâncias, por outro, ele atribui a esses homens a capacidade de modificar as circunstâncias em que vivem, pois a ação humana influencia os processos de transformação da sociedade. Se os educadores, pais, professores e demais sujeitos sociais influenciam a formação das novas gerações, eles próprios, por sua vez, estão em um contínuo processo formativo, que resulta do relacionamento entre si e com as novas gerações.

A educação como dimensão da vida social

Na obra de Marx, contudo, não se pode dizer que haja um saber sistemático e organizado sobre a educação, embora este seja um componente presente em inúmeros momentos em suas reflexões sobre a história e sobre as sociedades capitalistas. Ele não considera a educação uma realidade externa que possui existência própria, mas sim uma relação social entre os indivíduos e classes sociais, uma expressão da consciência da sociedade e, ainda, uma prática que se desenvolve em combinação com as demais esferas da vida social – que são a maneira como está dividido o trabalho entre os membros da sociedade, as tecnologias existentes e o modo como os seres humanos se relacionam para dividir os resultados do trabalho. Segundo tal perspectiva, a educação não pode ser devidamente entendida se for apenas analisada de maneira isolada, fora da totalidade social de que faz parte, influenciando os demais fatores da sociedade e, ao mesmo tempo, sendo por eles influenciada, conforme pode ser inferido do seu livro *Contribuição à crítica da economia política,* no qual argumenta no sentido de que os tipos de consciência (a educação, por exemplo) compõem uma superestrutura que é condicionada pelas relações sociais de produção vigentes e pelas circunstâncias em que se encontram as forças produtivas materiais da sociedade.

Alguns estudiosos marxistas, entretanto, tiraram conclusões apressadas sobre essa relação entre a estrutura econômica da sociedade, anteriormente considerada pelo próprio filósofo como a "base real" que sustenta as instituições jurídicas, políticas, e as concepções intelectuais, científicas e ideológicas, atribuindo sempre aos fatores econômicos o poder de explicar as causas verdadeiras e últimas dos fenômenos sociais. No pensamento de Marx fica evidenciado como os acontecimentos no interior de uma sociedade podem influenciar uns aos outros, e apenas mediante o estudo desse relacionamento recíproco é que se pode chegar a um conhecimento satisfatório sobre a totalidade social.

Antes de darmos continuidade à nossa pesquisa sobre a concepção marxiana da educação como um tipo de consciência e de prática social próprio de determinado modo de produção, devemos esclarecer que a noção de modo de produção pode ser entendida como uma teoria a ser testada com as informações sobre a própria realidade histórica, ou seja, como uma totalidade que se constitui na história e expressa o estágio de desenvolvimento das chamadas forças produtivas combinadas com as relações sociais de produção, mas jamais pode ser entendida como uma estrutura rígida que determina totalmente as ações humanas e o movimento histórico de maneira linear, unilateral, necessária e ininterrupta, como propõe o evolucionismo positivista.

Em seus estudos, Marx chegou à conclusão de que a humanidade havia passado na história por vários modos de produção, que podem coexistir em diferentes espaços geográficos em períodos históricos muito próximos, como a comunidade primitiva, passando pelas sociedades antigas, nas quais era explorado o trabalho escravo, pelo modo de produção asiático, pelo feudalismo europeu, baseado na servidão, chegando ao capitalismo, fundamentado no trabalho assalariado e na propriedade privada dos meios de produção pelo capitalista que anuncia, por sua vez, a possibilidade do surgimento do modo de produção socialista, que transforma em coletiva a propriedade privada.

As forças produtivas representam a capacidade de uma coletividade transformar a natureza em recursos para sua vida material. Isso ocorre por meio do trabalho que os seres humanos realizam. Por sua vez, o trabalho de transformação da natureza depende de um saber técnico a respeito das maneiras mais eficientes de atuar sobre ela, utilizando-se de instrumentos que multiplicam as forças do animal humano e são acumulados como saberes que propiciam determinada produtividade do trabalho. Deve ser mencionado, ainda, que os seres humanos vão se diferenciando do restante do reino animal ao conceber tanto as maneiras mais eficientes de trabalhar quanto os meios utilizados para melhor utilizar as técnicas de trabalho criadas, organizar a cooperação entre os trabalhadores, o modo de dividir o trabalho entre os diferentes sexos e entre as pessoas de variadas idades, por exemplo.

Já as relações sociais de produção expressam a maneira como os humanos se comportam durante as atividades do trabalho social, distribuindo entre os membros da coletividade o poder de decisão sobre quais atividades devem ser realizadas, quais técnicas serão empregadas, quem terá acesso ao uso dos meios de trabalho, como a terra ou as ferramentas. Em outras palavras, as relações sociais entre os membros de uma coletividade definem quem trabalha, em quais atividades, em que ritmo o trabalho será realizado, durante quanto tempo cada trabalhador realizará a sua atividade e, por último, como será distribuído o resultado do trabalho, ou seja, como será repartida a riqueza produzida e quem terá o direito de ter ou não propriedade sobre os recursos essenciais para a vida social.

Entre as forças produtivas e as relações sociais de produção podem ocorrer inadequações, conflitos, contradições, gerando problemas para a sobrevivência da sociedade, os quais se expressam por crises e revoluções.

EDUCAÇÃO E ALIENAÇÃO

Por considerar que o ser humano compõe o mundo natural, mas como um ser social que só satisfaz as suas necessidades ao se relacionar com outros seres humanos, ao mesmo tempo que se relaciona com a natureza por meio do trabalho, pode-se dizer que a alienação do trabalho é a negação dessa unidade entre o homem e o mundo, uma vez que tal atividade não leva à satisfação de suas necessidades materiais e perverte a sua relação com os outros seres humanos. Para Marx, como demonstram seus escritos de juventude, que ficaram conhecidos como *Manuscritos econômico-filosóficos de 1844* (1979), é a propriedade privada que leva uma minoria dos seres humanos a se apropriar dos meios que devem estar à disposição de todos. O direito à propriedade é a negação da propriedade a outrem; portanto, é sua alienação em relação aos meios que satisfariam as suas necessidades humanas. Em síntese, a alienação é o que separa o ser do destino da própria sociedade e, em consequência, dos demais seres humanos, membros da espécie, e também do restante da natureza, já que o ser individual, para alcançar e manter a propriedade individual, nega essa mesma possibilidade aos demais seres humanos.

A propriedade privada transforma o trabalho humano em uma atividade desumana, uma vez que o trabalhador passa a executar uma atividade cujo resultado – os bens produzidos ou o lucro que advirá de sua venda no mercado – pertencerá ao capitalista. Como o trabalhador exerce sua função apenas para satisfazer o seu interesse em receber o salário, para ele a atividade de trabalho em si é desgastante, enfadonha e quase sempre sem sentido; isso leva o capitalista a controlar rigidamente o tempo do trabalhador, forçando-o a se empenhar além de suas forças físicas e intelectuais. Assim se processa a alienação do trabalho, pois este é realizado sem um comprometimento do trabalhador, como se não fizesse parte de suas necessidades naturais e sociais. Ao realizá-lo, o trabalhador nega a si mesmo, pois não desenvolve livremente suas potencialidades. Ao contrário, ele se exaure física e mentalmente. Com base na relação social de trabalho alienado, obrigado a vender sua força no mercado, o trabalhador sente que não pertence a si mesmo e realiza a atividade apenas para satisfazer suas necessidades, e não como meio de realização humana.

Uma educação simplesmente adequada às demandas da divisão do trabalho capitalista confirma a alienação, pois difunde entre os seres humanos uma consciência social parcelarizada, que aceita a divisão entre concepção e execução, entre trabalho intelectual e braçal, e reduz o trabalhador às características de sua ocupação funcional, impedindo-o de realizar todas as potencialidades humanas. Uma educação alienada torna-se alienante ao formar os futuros trabalhadores como seres unilaterais, especializados, sem interesse pelas consequências de sua atividade para os demais seres humanos, mas preocupados apenas com o salário que receberão após o trabalho. De uma atividade desenvolvida no espaço público, para satisfazer uma necessidade ao mesmo tempo privada e social do ser humano, o trabalho alienado pode gerar tanto a rejeição à atividade pública de trabalho quanto o seu contrário, que é a realização do trabalho como uma compulsão e um fim em si mesmo.

Assim, compelido a trabalhar de modo alienado, o ser humano se sente apartado da sua natureza humana e de si mesmo e não se identifica com os demais de sua espécie. De atividade vital para a realização como ser humano o trabalho se converte, assim, num simples meio de manutenção da existência.

A alienação é uma relação social entre um ser humano proprietário, que está preocupado em acumular mais propriedade privada, e um ser humano trabalhador, que se submete à realização de um trabalho que o mutila, porque essa é a condição para a sua sobrevivência como não proprietário. Os seres humanos pervertem, portanto, o relacionamento social ao se transformarem em meros objetos diante dos produtos criados por ele próprios.

Para superar essa condição de alienação, não basta a consciência sobre suas causas e consequências. Tal superação é o resultado da práxis, ou seja, de uma ação consciente dos seres humanos para acabar com a alienação. Uma educação que critique a dimensão alienada do trabalho e da vida pública pode se constituir no primeiro passo para uma ação transformadora da condição de alienação em que a humanidade se encontra no capitalismo.

Educação, divisão social do trabalho e reprodução das relações sociais

Estamos reconhecendo, assim, que os grupos humanos, deliberadamente ou não, sempre desenvolveram maneiras de preparar os membros para o trabalho, educando-os para a realização de determinadas atividades produtivas e sobre o modo como deveriam relacionar-se com os outros membros da coletividade. No pensamento marxiano, a educação pode ser considerada uma superestrutura social que guarda correspondência com o estágio de desenvolvimento das forças produtivas e da divisão social do trabalho. Para utilizarmos os termos do próprio Marx (1978a: 130), "o modo de produção da vida material condiciona o processo em geral de vida social, política e espiritual", de maneira que as relações sociais estabelecidas pelos seres humanos influenciam seu modo de pensar.

Ao lermos atentamente uma passagem da obra *A ideologia alemã*, escrita por Marx em parceria com Engels, na qual os dois autores esclarecem o seu método de estudo, mesmo de maneira implícita fica claro que ambos concebiam a educação como um dos componentes do conjunto da vida social, a exemplo da moral, da religião e das demais formas de ideologia que expressam uma relação de interdependência com as condições materiais sob as quais os seres humanos vivem.

Na sociedade capitalista, a manutenção de uma diferença social básica entre, de um lado, os proprietários dos meios de produção e, de outro, um grande número de despossuídos, que para sobreviver necessitam vender a sua força de trabalho para os primeiros, garante a reprodução contínua da estrutura social estratificada. Essa diferença econômica básica coloca em oposição os assalariados e os capitalistas, gerando, socialmente, a distinção entre as classes proletária e burguesa.

As classes sociais se constituem historicamente com base no local ocupado pelos sujeitos no processo de produção material das sociedades modernas e mantêm uma relação de complementaridade e de antagonismo entre si. As classes sociais se formam em duas fases consecutivas: nas relações de oposição e conflito com as demais classes, em virtude da posição ocupada no processo de produção econômica e de distribuição dos resultados do trabalho; e quando se constituem como um agrupamento humano com consciência de sua existência como uma classe social específica, com interesses próprios e com objetivos políticos e econômicos definidos, que orientam as suas ações políticas coletivas, promovendo assim mudanças na correlação de força com as demais classes sociais e na forma de estruturação da sociedade.

Os trabalhadores reproduzem a sua força de trabalho gerando, alimentando e educando filhos que ocuparão seus lugares no futuro. O crescimento econômico pressupõe a reprodução ampliada tanto da maquinaria (capital fixo) quanto da força de trabalho (capital variável que assume a forma de salários). A educação torna-se, assim, um modo de preparar as novas gerações de proprietários e de não proprietários para as posições que irão ocupar na hierarquia do processo de produção.

A concepção segundo a qual a escola é um local de democratização do saber encobre a contradição fundamental da sociedade capitalista, escondendo que a escola classista é mais um dos espaços destinados à reprodução da hierarquia econômica, entre proprietários e não proprietários; da hierarquia social, entre burgueses e proletários; e da hierarquia política, entre governantes e governados. Tal fato pode ser ilustrado pela frequência com que os indivíduos que ocupam as posições atribuídas aos profissionais com maior tempo de escolarização provêm das classes e camadas sociais que tiveram as mesmas oportunidades educacionais em épocas anteriores.

Marx e os problemas educacionais do seu tempo

O Marx que tinha uma concepção de conjunto sobre a história humana e o modo de produção capitalista não pode ser dissociado do militante político, que tinha como incumbência a formulação de propostas viáveis para os problemas do momento, que fariam parte das bandeiras de luta da Associação Internacional dos Trabalhadores (AIT), que ficou conhecida como Primeira Internacional, da qual foi um dos fundadores e participantes mais destacados. Ao discutirmos seu posicionamento político e suas propostas a respeito das medidas educacionais adequadas à sua época, temos de levar em consideração, portanto, que o autor estava preocupado com os problemas mais imediatos e que exigiam a colocação em prática de alguns "indispensáveis antídotos contra as tendências de um sistema social que degrada o operário a mero instrumento para a cumulação de capital, e que transforma pais, devido às suas necessidades, em proprietários de escravos, vendedores dos próprios filhos" (Marx e Engels, 1983: 83).

As suas propostas educacionais evidenciam, assim, as nuanças de um pensamento que mantinha como horizonte a transformação revolucionária da sociedade, sem, contudo, abster-se diante dos desafios colocados pela prática política em uma sociedade de classes.

É pelo estudo do relacionamento entre as classes sociais, ou seja, entre os detentores dos meios de produção e os trabalhadores destituídos desses meios, que se pode interpretar a estrutura do Estado não como representante de uma vontade geral abstrata que defende o bem comum, mas como um conjunto de instituições jurídicas e administrativas que garante a dominação dos capitalistas sobre os proletários para viabilizar a reprodução da desigualdade entre as classes sociais, propiciando a acumulação de capital em um polo da sociedade, submetendo pela lei ou pela força física a classe trabalhadora.

Como consta no *Manifesto do Partido Comunista,* de 1848, redigido em parceria com Engels, Marx defendia a implementação de uma "educação pública gratuita de todas as crianças", com a eliminação do trabalho infantil, na maneira como este era então explorado pelos empresários capitalistas, e a proposição de uma modalidade combinada de educação, voltada para a formação de todas as dimensões humanas, entre elas a atividade produtiva, a sensibilidade artística, a formação científica e o cultivo do corpo.

Em um documento redigido posteriormente, com o objetivo de orientar os delegados do Conselho Central Provisório que participariam do I Congresso da Associação Internacional dos Trabalhadores, que se realizou em Genebra, de 3 a 8 de setembro de 1866, fica claro como Marx defendia a intervenção dos trabalhadores nos debates sobre a legislação educacional, pois, no seu entendimento, essa era a maneira mais eficiente de fazer o Estado impor barreiras capazes de limitar a ganância dos empresários capitalistas, criando leis para enfraquecer o poder das demais classes, ao mesmo tempo que poderia usá-las a seu favor, lançando mão da estrutura estatal na defesa dos próprios interesses.

Mesmo defendendo a importância de uma legislação educacional, seria um erro concluir que Marx era favorável a que o Estado, nas sociedades capitalistas, se tornasse responsável pela educação popular, como se deduz da leitura de sua *Crítica ao programa de Gotha,* em que declara que "uma 'educação popular do Estado' é totalmente rejeitável", pois não caberia a este, no seu entendimento, formar a consciência dos trabalhadores, e sim o contrário: os trabalhadores organizados é que deveriam, como vimos, determinar a legislação educacional e dirigir política e pedagogicamente a formação do corpo docente.

No pensamento de Marx, a educação é uma relação social que expressa o modo como os sujeitos são socializados e convivem em determinada sociedade, que se encontra em um momento histórico passível de ser identificado como pertencente a determinado "modo de produção", e possibilita a manutenção das condições necessárias para a vida em sociedade. Em cada "modo de produção" ocorre uma forma de divisão do trabalho, que pressupõe uma educação adequada ao domínio que é exercido sobre a natureza. Os membros das camadas e classes sociais são educados para a caça e a coleta, para a agricultura e a pecuária, para o artesanato ou para os serviços e a indústria baseada na maquinofatura. O modo de produção também sofre as consequências das ações revolucionárias realizadas pelos seres humanos para a superação dos problemas que a vida social lhes apresenta.

É necessário, pois, um processo social de aprendizagem da cultura que envolve as técnicas de produção, de relacionamento interpessoal e também de representação simbólica da vida social e participação na vida política da sociedade. Em conjunto, esse processo de aprendizado é chamado de processo de socialização; resulta da relação social entre os membros de uma coletividade a fim de garantir tanto sua continuidade no tempo quanto sua transformação no sentido de solucionar os novos problemas com que se depara, garantindo os recursos materiais de que necessita e o modo de integração social mínima entre os seus membros. A educação deve ser concebida, portanto, como um processo de formação de um ser que é, ao mesmo tempo, produto da história e seu agente transformador, tornando-a crítica à realidade existente imprescindível para os processos educacionais.

Texto complementar

Educação e trabalho infantil na grande indústria

Por parcas que pareçam no todo, as cláusulas educacionais da lei fabril proclamam a instrução primária como condição obrigatória para o trabalho. (Segundo a lei fabril inglesa, os pais não podem mandar crianças com menos de 14 anos para as fábricas "controladas" sem fazer com que recebam instrução primária. O fabricante é responsável pelo cumprimento da lei. "O ensino de fábrica é obrigatório e pertence às condições de trabalho"). Seu êxito demonstrou, antes de tudo, a possibilidade de conjugar ensino e ginástica com trabalho manual, por conseguinte também trabalho manual com ensino e ginástica. Os inspetores de fábrica logo descobriram, por depoimentos de mestres-escolas, que as crianças de fábricas, embora só gozem de metade do ensino oferecido aos alunos regulares de dia inteiro, aprendem tanto e muitas vezes até mais. [...]

Viu-se que a grande indústria supera tecnicamente a divisão manufatureira do trabalho, com sua anexação por toda a vida de um ser humano inteiro a uma operação de detalhe, enquanto, ao mesmo tempo, a forma capitalista da grande indústria reproduz ainda mais monstruosamente aquela divisão do trabalho, na fábrica propriamente dita, por meio da transformação do trabalhador em acessório consciente de uma máquina parcelar e, em todos os outros lugares, em parte mediante o uso esporádico da máquinas e do trabalho das máquinas, em parte por meio da introdução de trabalho feminino, infantil e não qualificado como nova base da divisão do trabalho. A contradição entre a divisão manufatureira do trabalho e a essência da grande indústria impõe-se com violência. Ela aparece, entre outras coisas, no terrível fato de que grande parte das crianças empregadas nas fábricas modernas e nas manufaturas, soldadas desde a mais tenra idade às manipulações mais simples, é explorada durante anos sem aprender nenhum trabalho que as torne mais tarde úteis ao menos nessa mesma fábrica ou manufatura. Nas gráficas inglesas de livros, por exemplo, ocorria antigamente a passagem, correspondente ao sistema da velha manufatura e do artesanato, dos aprendizes de trabalhos mais leves para trabalhos de mais conteúdo. Eles percorriam as etapas de uma aprendizagem, até serem tipógrafos completos. Saber ler e escrever era, para todos, uma exigência do ofício. Tudo isso mudou com a máquina impressora. Ela emprega duas espécies de trabalhadores: um trabalhador adulto, o supervisor da máquina, e mocinhos, em geral com 11 a 17 anos de idade, cuja tarefa consiste exclusivamente em colocar uma folha de papel na máquina ou retirar dela a folha impressa. Notadamente em Londres, eles executam essa faina vexatória por 14, 15, 16 horas ininterruptas, durante alguns dias da semana e com frequência até por 36 horas consecutivas, com apenas 2 horas de descanso para comer e dormir! Grande parte deles não sabe ler e, em regra, são criaturas embrutecidas, anormais. [...]

Assim que se tornam velhos demais para seu trabalho infantil, portanto o mais tardar aos 17 anos, são despedidos da tipografia. Tornam-se recrutas da criminalidade. Algumas tentativas de arranjar-lhes ocupação noutro lugar fracassaram em face de sua ignorância, embrutecimento, degradação física e espiritual.

(MARX, Karl. "Legislação fabril. Cláusulas sanitárias e educacionais. Sua generalização na Inglaterra". In: MARX, K. *O capital*: crítica da economia política. São Paulo: Abril Cultural, 1984, v. 1, t. 2, pp. 86-8.)

QUESTÕES PROPOSTAS

1. Com base no pensamento de Marx, elabore um texto que discuta como os conflitos entre as classes sociais influenciam os processos educativos nas sociedades modernas.
2. Defina a noção de alienação, segundo Marx, e comente a respeito de sua influência sobre a educação.
3. Como Marx justifica a proposta de que os trabalhadores reivindiquem a implementação de uma legislação educacional por parte do Estado?

Educação e hegemonia: Gramsci

O jornalista e ativista político Antônio Gramsci (1891-1937) foi um pensador obstinado que, mesmo encarcerado por vários anos pelo regime fascista na Itália e gravemente enfermo, nos legou cerca de 2.500 páginas de anotações, os famosos *Cadernos do cárcere,* nas quais podemos aprender algumas noções teóricas importantes no campo da pesquisa educacional e conhecer a sua proposta de uma "escola unitária", que promove uma educação humanista voltada para a formação intelectual e moral necessária para a construção de uma sociedade igualitária e livre.

Escrita com uma intencionalidade declaradamente política, a sua obra possibilita uma abordagem sociológica original sobre o fenômeno educativo. Para nos apropriarmos das contribuições teóricas de Gramsci para a pesquisa em educação, temos que recordar o contexto histórico em que elas foram elaboradas, na Itália, no período entre a Primeira e a Segunda Guerras Mundiais, e a motivação política do autor de formular um pensamento fiel ao marxismo revolucionário e ao projeto de construção de uma sociedade socialista.

EM DEFESA DA ESCOLA UNITÁRIA

A escola forma os trabalhadores que se dedicam às atividades intelectuais durante sua vida profissional. Em cada época as sociedades precisam de trabalhadores intelectuais que realizem as atividades especializadas e próprias para o momento histórico em questão, denominados intelectuais tradicionais ou intelectuais orgânicos por Gramsci. As sociedades modernas capitalistas necessitam na sua época – e as sociedades socialistas necessitarão no futuro – que sejam formados trabalhadores intelectuais orgânicos, com competência organizativa e administrativa, hábeis no emprego das novas tecnologias, e não mais um trabalhador intelectual tradicional formado em um ensino retórico, por meio da pedagogia dos jesuítas que valorizava a aprendizagem do grego e do latim.

Na concepção de Gramsci, porém, a escola deve unificar a formação, de modo a abranger a educação tradicional com forte conteúdo teórico, literário, filosófico e científico para o trabalho prático. Segundo as próprias palavras dele, é necessária uma "escola única inicial de cultura geral, humanista, formativa, que equilibre de modo justo o desenvolvimento da capacidade de trabalhar manualmente (tecnicamente, industrialmente) e o desenvolvimento das capacidades de trabalho intelectual. Deste tipo de escola única, através de experiências repetidas de orientação profissional, passar-se-á a uma das escolas especializadas ou ao trabalho produtivo" (Gramsci, 2006a: 33-4).

A perspectiva teórica dessa concepção de escola unitária envolve uma crítica à divisão dicotômica entre uma formação educacional livresca, teórica, filosófica e abstrata para as classes dominantes, e a escola utilitarista e tecnicista para a formação da massa de trabalhadores subalternos. Em outras palavras, a crítica deve problematizar a formação educacional baseada na separação hierárquica entre trabalho intelectual e braçal, uma vez que todos os seres humanos são intelectuais e todos os tipos de trabalho envolvem alguma forma de elaboração mental para a sua execução. Para usarmos as suas próprias palavras:

> Não há atividade humana da qual se possa excluir toda intervenção intelectual, não se pode separar o *homo faber* do *homo sapiens*. Em suma, todo homem, fora de sua profissão, desenvolve uma atividade intelectual qualquer, ou seja, é um "filósofo", um artista, um homem de gosto, participa de uma concepção de mundo, possui uma linha consciente de conduta moral, contribui assim para manter ou para modificar uma concepção do mundo, isto é, para suscitar novas maneiras de pensar. (Gramsci, 2006a: 53)

Nas sociedades modernas, a organização escolar é responsável pelo aprofundamento e pela ampliação da "intelectualidade de cada indivíduo", multiplicando e aperfeiçoando as funções intelectuais e direcionando-as para algum tipo de especialização. É por meio da escola que se formam os intelectuais que irão realizar as atividades mais complexas, e isso pode ser atestado pelo grau de especialização das várias escolas, bem como por sua hierarquização. A complexidade da vida cultural e civilizatória de uma sociedade é representada pela diversificação das instituições escolares nela existentes.

O problema é que a educação escolar nas sociedades modernas de sua época passava por uma profunda crise, que gerava uma decadência, pois as escolas de tipo profissional se tornavam mais importantes do que aquelas preocupadas com a formação ampla dos alunos. Gramsci considerava paradoxal que as escolas profissionais com objetivos mais práticos e utilitários fossem as mais respeitadas e tidas como democráticas em várias sociedades industrialmente avançadas, uma vez que, na prática, elas mantinham e aprofundavam as desigualdades sociais.

Além disso, apontou a necessidade de uma reunificação da educação, para que todos sejam trabalhadores intelectuais teóricos e práticos. E, ao mesmo tempo em que valorizava a escola humanista tradicional, porque ela promovia uma formação mais abrangente para os educandos, também valorizava o ensino profissionalizante das escolas técnicas, propondo uma unificação entre ambas.

Processos educativos e hegemonia política

Os processos educativos, escolares ou não, podem ser pesquisados com base em suas contribuições para a construção da hegemonia política em uma sociedade. Hegemonia, para Gramsci, é uma categoria central para o entendimento das maneiras pelas quais as classes sociais em uma sociedade moderna se relacionam com o Estado. Cabe a este garantir a supremacia das classes sociais dominantes por meio da combinação do uso – ou da ameaça de uso – da força com o consentimento dos dominados ao poder estabelecido. Com esse processo complexo, o Estado moderno engloba a "sociedade política" e também a "sociedade civil".

As instituições educativas, a família, as igrejas, as organizações culturais fazem parte da sociedade civil e podem educar para a submissão aos dominantes ou para a construção de uma crítica à hegemonia que comanda a sociedade e a construção de uma nova hegemonia, uma vez que difundem uma concepção de mundo, ou ideologia, favorável ou desfavorável aos poderosos:

> [...] o que pode ser chamado de "sociedade civil" (isto é, o conjunto de organismos designados vulgarmente como "privados") e de "sociedade política ou Estado", planos que correspondem, respectivamente, à função de "hegemonia" que o grupo dominante exerce em toda a sociedade e àquela de "domínio direto" ou de comando, que se expressa no Estado e no governo "jurídico". Estas funções são precisamente organizativas e conectivas. Os intelectuais são os "prepostos" do grupo dominante para o exercício das funções subalternas da hegemonia social e do governo político, isto é: 1) do consenso "espontâneo" dado pelas grandes massas da população à orientação impressa pelo grupo fundamentalmente dominante à vida social, consenso que nasce "historicamente" do prestígio (e, portanto, da confiança) obtido pelo grupo dominante por causa de sua posição e de sua função no mundo da produção; 2) o aparelho de coerção estatal que assegura "legalmente" a disciplina dos grupos que não "consentem", nem ativa nem passivamente, mas que é constituído para toda a sociedade na previsão dos momentos de crise no comando e na direção, nos quais desaparece o consenso espontâneo. (Gramsci, 2006a: 21)

A hegemonia de uma classe social é a sua capacidade de dirigir política e culturalmente uma sociedade, garantindo o consentimento ou a submissão dos grupos dominados, e ela é exercida por meio do trabalho educativo realizado em igrejas, sindicatos, meios de comunicação, chamados atualmente de mídias, e escolas, que difundem a ideologia ou concepção de mundo dos grupos dirigentes das sociedades modernas do Ocidente.

Ideologia e educação

A função educacional da escola é exatamente essa difusão da ideologia das classes dominantes pelos intelectuais tradicionais. Mas isso não impede – ao contrário, até favorece – que as classes sociais subalternas formulem para si a estratégia que Gramsci denomina "guerra de posições", a fim de se contrapor à hegemonia das classes dominantes, por meio da construção de uma nova hegemonia política e cultural, para a qual os intelectuais orgânicos atuariam na formulação e na difusão de uma ideologia portadora de uma nova concepção de sociedade.

Podemos, então, sistematizar algumas contribuições teóricas presentes no pensamento de Gramsci, evitando sua aplicação mecânica a épocas e sociedades diferentes da sociedade italiana, na qual o autor viveu e construiu seus conceitos, mas nos apropriando daquelas noções teóricas – por exemplo, as de hegemonia, ideologia, sociedade civil, sociedade política, guerra de posições e escola unitária – que podem contribuir para a construção de um referencial teórico para a pesquisa em sociologia da educação. Recordando sempre, como adverte o próprio autor, que suas observações sobre a educação são apenas anotações provisórias que deverão passar por uma verificação aprofundada, e não verdades definitivas, uma vez que precisam da busca de evidências que só a pesquisa teórica e de campo pode proporcionar. Uma sociologia da educação deve levar em consideração a associação entre as concepções pedagógicas e as políticas.

A conexão entre o contexto histórico, ou seja, as circunstâncias práticas e objetivas nas quais os processos educativos estão inseridos, e a concepção materialista de história levam Gramsci a sempre pensar a educação em geral e a educação escolar de modo a que correspondam às condições e necessidades das sociedades e dos seres humanos que nelas vivem.

A educação escolar não pode se transformar em uma forma de domesticação de mão de obra para as empresas capitalistas. A educação das novas gerações envolveria, segundo o seu entendimento, uma formação disciplinar, ao mesmo tempo técnica e voltada para o cultivo dos valores do conhecimento mais amplo possível, difundindo uma cultura humanística. Para tanto, seria necessária a formação pedagógica tanto dos alunos como dos próprios educadores, para que tivessem uma preparação adequada a essa conexão entre educação e vida social.

Pode-se investigar em que medida a educação escolar pretende formar as novas gerações de grupos dirigentes ao mesmo tempo que mantém as desigualdades sociais e a subalternização dos trabalhadores, fornecendo a estes últimos uma formação tecnicista burocratizada, que contribui para a manutenção da hegemonia das classes dominantes, difundindo ideologias portadoras de concepções de mundo que legitimam as desigualdades sociais, ou, ao contrário, possibilitam a construção de concepções de mundo críticas às formas de dominação e exploração proporcionadas pelo capitalismo, e favoráveis à formação educacional unitária, autônoma, livre, e às condições de vida igualitárias.

Nas complexas sociedades modernas, esse trabalho educativo contrário à hegemonia dominante e favorável a uma nova hegemonia dos trabalhadores organizados em um partido político corresponderia à tomada de uma posição estratégica na "guerra" contra as classes dominantes que controlam o aparelho de Estado ou a sociedade política. O partido formularia e coordenaria as atividades políticas dos trabalhadores como um intelectual coletivo que desenvolve sua consciência política, possibilitando a sua unificação como classe que luta de maneira independente para a transformação social, livre das influências ideológicas das classes dominantes. E com uma educação tecnológica, ligada às necessidades práticas, mas simultaneamente formadora dos saberes mais abrangentes sobre a humanidade, que promove a participação política organizada na vida social.

TEXTO COMPLEMENTAR

A ESCOLA UNITÁRIA

Um ponto importante, no estudo da organização prática da escola unitária, é o que diz respeito ao currículo escolar em seus vários níveis, de acordo com a idade e com o desenvolvimento intelectual-moral dos alunos e com os fins que a própria escola pretende alcançar. A escola unitária ou de formação humanista (entendido este termo, "humanismo", em sentido amplo e não apenas em sentido tradicional), ou de cultura geral, deveria assumir a tarefa de inserir os jovens na atividade social, depois de tê-los elevado a um certo grau de maturidade e capacidade para a criação intelectual e prática e a uma certa autonomia na orientação e na iniciativa. A fixação da idade escolar obrigatória depende das condições econômicas gerais, já que estas podem obrigar os jovens a uma certa prestação produtiva imediata. A escola unitária requer que o Estado possa assumir as despesas que hoje estão a cargo da família no que toca à manutenção dos escolares, isto é, requer que seja completamente transformado o orçamento do ministério da educação nacional, ampliando-o enormemente e tornando-o mais complexo: a inteira função de educação e formação das novas gerações deixa de ser privada e torna-se pública, pois somente assim ela pode abarcar todas as gerações, sem divisões de grupos ou castas. Mas esta transformação da atividade escolar requer uma enorme ampliação da organização prática da escola, isto é, dos prédios, do material científico, do corpo docente, etc. O corpo docente, em particular, deveria ser ampliado, pois a eficiência da escola é muito maior e intensa quando a relação entre professor e aluno é menor, o que coloca outros problemas de solução difícil e demorada. Também a questão dos prédios não é simples, pois este tipo de escola deveria ser uma escola em tempo integral, com dormitórios, refeitórios, bibliotecas especializadas, salas adequadas para o trabalho de seminário, etc. [...]

Numa série de famílias, particularmente das camadas intelectuais, os jovens encontram na vida familiar uma preparação, um prolongamento e uma complementação a vida escolar, absorvendo no "ar", como se diz, uma grande quantidade de noções e de aptidões que facilitam a carreira escolar propriamente dita: eles já conhecem, e desenvolvem ainda mais, o domínio da língua literária, isto é, do meio de expressão e de conhecimento, tecnicamente superior aos meios de que dispõe a média da população escolar dos seis aos doze anos. Assim os alunos urbanos, pelo simples fato de viverem na cidade, já absorveram – antes dos seis anos – muitas noções e aptidões que tornam mais facial, mais proveitosa e mais rápida a carreira escolar. Na organização interna da escola unitária, devem ser criadas, pelo menos, as mais importantes destas condições, além do fato, que se deve dar por suposto, que se desenvolverá – paralelamente à escola unitária – uma rede de creches e outras instituições nas quais, mesmo antes da idade escolar, as crianças se habituem a uma certa disciplina coletiva e adquiram noções e aptidões pré-escolares. De fato, a escola unitária deveria ser organizada como escola em tempo integral, com vida coletiva diurna e noturna, liberta das atuais formas de disciplina hipócrita e mecânica, e o estudo deveria ser feito coletivamente, com a assistência dos professores e dos melhores alunos, mesmo nas horas do estudo dito individual, etc.

(GRAMSCI, Antonio. Caderno 12 (1932) Apontamento e notas dispersas para um grupo de ensaios sobre a história dos intelectuais. *Cadernos do cárcere*. Rio de Janeiro: Civilização Brasileira, 2006a, pp. 36-8.)

QUESTÕES PROPOSTAS

1. Quais são as atribuições que Gramsci destina ao Estado em sua proposta de escola unitária?
2. Como as desigualdades culturais e econômicas entre os alunos devem ser tratadas pedagogicamente pela escola unitária proposta por Gramsci?

Ideologia e educação: Althusser

Nas décadas de 1960-1970, o filósofo Louis Althusser (1918-1990) promoveu um verdadeiro ressurgimento do pensamento teórico marxista na França. Ao propor uma nova leitura da obra de Marx, seu pensamento obteve grande repercussão entre os pesquisadores da educação, principalmente com o estudo *Aparelhos ideológicos de Estado*, que responsabiliza a instituição escolar por difundir a ideologia da aceitação da dominação e das formas de exploração capitalistas como legítimas pelas classes trabalhadoras.

Ao tomarmos o pensamento de Louis Althusser como hipótese de trabalho para uma investigação em sociologia da educação – e não como verdade absoluta e definitiva que não necessitaria mais passar pelo teste da validação da pesquisa empírica –, vamos localizar em sua teoria sobre os aparelhos ideológicos do Estado alguns momentos importantes dos processos de estruturação da educação escolar nas sociedades modernas.

Na concepção althusseriana, a educação escolar difunde as ideologias que formam as concepções e práticas dos sujeitos em sociedade, contribuindo, assim, para a reprodução das relações sociais de produção, uma vez que torna inevitável e até "natural" a divisão em classes sociais, e determinando a posição de cada ser humano na engrenagem da produção capitalista, como patrão, administrador ou operário braçal.

Além dos conteúdos técnicos e cognitivos necessários para viver em sociedade, como o aprendizado das operações lógico-matemáticas, da alfabetização e das profissões, a teoria de Althusser nos inspira a pesquisar em que medida a escola ensina a ideologia da submissão a uma disciplina que possibilita a exploração dos trabalhadores. A formação dos trabalhadores no sistema escolar é considerada, pois, fundamental para o desenvolvimento das forças produtivas e torna-os tanto capacitados tecnicamente para as atividades nas fábricas, lojas e escritórios como concordantes com as relações sociais de produção vigentes na sociedade. A aprendizagem escolar – além das competências de leitura, escrita e cálculo, das técnicas e da chamada cultura humanística segmentada de acordo com a camada social a que pertencem os educandos (se virão a ser trabalhadores ou dirigentes, por exemplo) – é destinada ao ensino do respeito à ordem social, que se inicia com o aprendizado das regras de conduta, da moral dominante e das leis do Estado, segundo os preceitos que interessam às classes dominantes. Enfim, a educação é classista, segundo ele, pois os alunos oriundos das camadas populares assimilam com a educação escolar a submissão à ordem social dominante, enquanto os alunos oriundos das classes dominantes aprendem a dar ordens para os seus futuros subordinados.

A escola como aparelho ideológico do Estado

A ideologia contribui para manter e reproduzir a forma de estruturação da sociedade, com a continuidade das relações sociais de produção, porque difunde a concordância com as desigualdades quanto à apropriação dos meios de produção e também qualifica os trabalhadores para a ocupação de postos na divisão social de trabalho, com competência técnica e disciplina, subordinados à organização hierárquica imposta pelos proprietários e aos objetivos de lucro das empresas.

Para Althusser, como expresso em seu escrito *Aparelhos ideológicos de Estado*, a ideologia é uma concepção que orienta a prática dos agentes em sociedade, pois está estruturada como formas de pensamento e de avaliação da realidade e como maneiras de cada ser humano perceber o mundo em que vive para que possa agir.

A escola é uma das instituições ou um dos "aparelhos ideológicos do Estado" que difunde as ideologias que reproduzem as relações sociais de produção, quando os agentes incorporam e colocam na prática tais ideologias. Em síntese, as condutas práticas são orientadas por ideologias que formam as nossas ideias. Toda prática é resultado da ideologia que seu autor interiorizou no inconsciente por meio da experiência na vida familiar, nas escolas, fábricas, igrejas etc. Sempre agimos de acordo com uma ideologia, quer sejamos favoráveis ou contrários à sociedade capitalista ou a determinada religião. É a ideologia que dá um significado aparentemente coerente para uma decisão que tomamos. Até nossas experiências afetivas como pais e filhos, alunos, trabalhadores e fiéis de uma religião são determinadas pela ideologia que interiorizamos como membros da sociedade. Por isso, tais instâncias da vida social são denominadas por Althusser "aparelhos ideológicos do Estado". Portanto, os seres humanos não agem com autonomia e independência de valores, mas seguem as ideologias que lhes foram inculcadas pela estrutura social.

As ideologias recebidas da estrutura social é que formam a maneira de pensar e agir dos indivíduos. A escola é uma dessas instituições que possibilitam a formação intelectual necessária para a sua capacitação para atuar em uma atividade profissional. A ideologia, para um Althusser profundamente influenciado pelo pensamento de Antonio Gramsci, é um meio para formar as consciências dos seres humanos na vida em sociedade, e não apenas uma falsa consciência ou ilusão.

A publicação de *Aparelhos ideológicos de Estado,* em 1970, exerceu uma grande influência sobre as pesquisas em ciências humanas dentro e fora da França desde então. A diferenciação entre o uso da violência pelos aparelhos repressivos do Estado e os aparelhos ideológicos de Estado (AIE) que transmitem as ideologias é amplamente empregada pelos pesquisadores, uma vez que explicita de que maneira as instituições sociais, como as igrejas, a família, a escola e os partidos políticos, difundem os valores e as concepções que favorecem a manutenção da ordem estabelecida pelas classes dominantes. Segundo essa análise, a escola seria constituída no aparelho ideológico responsável pela difusão da ideologia que possibilita a construção de uma hegemonia da burguesia nas sociedades capitalistas, tomando o lugar que cabia à Igreja Católica na ordem social feudal.

A escola funciona como um AIE, uma vez que contribui decisivamente para a manutenção das relações sociais de produção que garantem a exploração dos trabalhadores pela classe capitalista. Embora cada aparelho ideológico, como igrejas, sindicatos e meios de comunicação, por exemplo, desempenhe uma função que lhe é peculiar, cabe à escola o papel dominante nas sociedades capitalistas, pois, desde a mais tenra idade das crianças, vai lhes incutindo os valores próprios das ideologias das classes dominantes, até o momento em que se formam para o ingresso no mercado de trabalho como seres submissos às ordens dos dirigentes.

A teoria de Althusser contribui para investigarmos em que medida a educação escolar transmite aos alunos os valores que são dominantes na sociedade e as práticas que ajudam na manutenção do poder das classes dominantes. Assim, as ideologias se materializam em práticas que os membros da sociedade realizam nas instituições em que atuam, mantendo cada qual em um posto que lhe é designado na divisão social do trabalho, ocupando uma posição na hierarquia da sociedade dividida em classes sociais – em resumo, cada indivíduo desempenha uma função em benefício da ordem social capitalista.

TEXTO COMPLEMENTAR

A ESCOLA COMO APARELHO IDEOLÓGICO DO ESTADO

Por que o aparelho escola é o aparelho ideológico de Estado dominante nas formações sociais capitalistas e como funciona?

No momento é suficiente responder:

Todos os aparelhos ideológicos de Estado, quaisquer que sejam, concorrem para o mesmo fim: a reprodução das relações de produção, isto é, das relações de exploração capitalistas. [...]

Portanto, neste concerto, um aparelho ideológico do Estado desempenha o papel dominante, muito embora não escutemos sua música a tal ponto ela é silenciosa! Trata-se da Escola.

Ela se encarrega das crianças de todas as classes sociais desde o maternal, e desde o maternal ela lhes inculca, durante anos, precisamente durante aqueles em que a criança é mais "vulnerável", espremida entre o aparelho de Estado familiar e o aparelho de Estado escolar, os saberes contidos na ideologia dominante (o francês, o cálculo, a história natural, as ciências, a literatura), ou simplesmente a ideologia dominante em estado puro (moral, educação cívica, filosofia). Por volta do 16º ano, uma enorme massa de crianças entra "na produção": são os operários ou os pequenos camponeses. Uma outra parte da juventude escolarizável prossegue: e, seja como for, caminha para os cargos dos pequenos e médios quadros, empregados, funcionários pequenos e médios, pequenos burgueses de todo tipo. Uma última parcela chega ao final do percurso, seja para cair num semidesemprego intelectual, seja para fornecer além dos "intelectuais do trabalhador coletivo", os agentes da exploração (capitalista, gerentes), os agentes da repressão (militares, policiais, políticos, administradores) e os profissionais da ideologia (padres de toda espécie, que em sua maioria são "leigos"convictos).

(ALTHUSSER, Louis. *Aparelhos ideológicos de Estado*: nota sobre os aparelhos ideológicos de Estado (AIE). Rio de Janeiro: Graal, 1985, pp. 78-9.)

Questões propostas

1. Segundo o pensamento de Althusser, como a educação escolar contribui para a manutenção das desigualdades das sociedades capitalistas?
2. Em sua opinião, a educação escolar desempenha exclusivamente esse papel de contribuir para a manutenção da ordem social capitalista? Justifique sua resposta.

Mészáros: A educação para além do capital

As pesquisas educacionais contemporâneas de inspiração marxista contam também com o referencial teórico representado pela obra do filósofo húngaro István Mészáros (1930-2017). Ao publicar livros e viajar para dar conferências em vários países, entre eles o Brasil, o autor difundiu uma abordagem crítica das formas de educação alienantes das sociedades capitalistas e defendeu uma perspectiva política socialista "para além do capital".

Por isso, a sua obra se constitui como um referencial importante para a fundamentação marxista da pesquisa educacional. Combinando a pesquisa filosófica com a defesa de uma perspectiva política socialista, sua concepção educativa parte da crítica à educação voltada para os interesses das classes dominantes do capitalismo, para propor uma educação "para além do capital". Para Mészáros (1981: 261), "a tarefa de transcender as relações sociais de produção capitalistas, alienadas, deve ser concebida na estrutura global de uma estratégia educacional socialista".

A pesquisa em sociologia da educação pode apropriar-se da obra de Mészáros, a qual apresenta aos pesquisadores uma perspectiva que considera a educação uma dimensão do ser social, inserida no conjunto da vida social, e não um fator isolado próprio de uma fase específica da formação dos membros da sociedade, ou processos de educação formal promovidos nas instituições escolares. Assim analisada, a educação deve ser tanto pesquisada como projetada, visando à construção de uma forma de sociabilidade livre da alienação, e não à perpetuação do domínio do capital e das sociedades capitalistas; "por isso que é necessário romper com a lógica do capital se quisermos contemplar a criação de uma alternativa educacional significativamente diferente", uma alternativa que supere a concepção segundo a qual a educação deve ser tratada como um serviço e vendida no mercado como qualquer outra mercadoria, com o objetivo de qualificar os indivíduos para o trabalho nas organizações capitalistas.

A "lógica do capital" a que se refere o filósofo foi extensamente estudada na clássica obra *Para além do capital: rumo a uma teoria da transição,* na qual a sociedade capitalista é entendida como um sistema socioeconômico baseado na relação social de alienação que separa o trabalho, realizado diretamente pelos trabalhadores, do controle administrativo e político, realizado pelas classes dominantes e seus representantes sobre o trabalho. A apropriação privada do capital gera, assim, a subordinação do trabalho, graças à sustentação legal, administrativa e policial que o Estado garante para a manutenção da divisão hierárquica do trabalho. A sociedade capitalista foi formada historicamente pelo capital, pelo trabalho e pelo Estado, que se combinam em uma totalidade social complexa com a qual os seres humanos devem contribuir direta ou indiretamente para a acumulação capitalista. O sistema se constitui de modo a controlar as variáveis produtivas que lhe garantirão a reprodução ampliada do capital, englobando, para tanto, desde as pequenas empresas até as corporações de empresas transnacionais em um sistema metabólico que gera sempre um maior fortalecimento dos que em si já são mais fortes, causando a alienação dos trabalhadores, transformados em meros objetos do sistema econômico.

Educação, competência técnica e valores

Os processos educacionais nas sociedades capitalistas destinam-se a reproduzir as competências necessárias para o funcionamento das empresas e também os valores individualistas, consumistas, competitivos e hierárquicos que orientam os indivíduos na vida cotidiana. Mészáros denomina esse processo de "interiorização" pelos indivíduos das pressões exteriores das sociedades de mercado, tornando-os seres alienados em seus sentidos físicos e mentais, pois se voltam para a preocupação individualista com o "ter", ou seja, com a posse de propriedades, e não com o cultivo do seu "ser" por meio da convivência e do desenvolvimento livre de seus sentidos. Segundo essa concepção crítica, a educação promovida pelos sistemas escolares nas sociedades capitalistas produz e transmite aqueles saberes que, uma vez colocados em prática pelos trabalhadores educados no sistema, contribuem para a reprodução ampliada do capital. Esses sistemas também difundem as ideologias que legitimam os interesses dominantes, ao promover a submissão dos trabalhadores à ordem hierárquica das organizações capitalistas.

Manifestando uma influência recebida do pensamento de Gramsci, ele defende também que, nesse processo de interiorização de competências técnicas e valores, "os indivíduos contribuem para a manutenção de uma concepção de mundo e para a manutenção de uma forma específica de intercâmbio social, que corresponde àquela concepção de mundo" (Mészáros, 1981: 260).

Uma Sociologia da Educação baseada no referencial teórico proposto por Mészáros orienta a investigação sobre os mecanismos de interiorização de valores e habilidades que contribuem para a manutenção da dependência do trabalho ao capital, tanto nos processos educativos informais como por meio da educação escolar. A investigação evidencia, assim, como a educação se torna profundamente problemática sob o capitalismo, pois contribui para a desumanização dos seres humanos. Para tanto, identifica e critica as concepções educativas e os mecanismos práticos com os quais os processos educativos se subordinam à racionalidade da lógica da competição pelo lucro e pela propriedade nas sociedades capitalistas.

Mas a Sociologia da Educação pode também investigar as alternativas propostas para a superação da divisão hierárquica do trabalho e da dependência do trabalho em relação ao capital, para que os ser humano forme a sua capacidade de agir politicamente, tendo em vista a construção de um sistema de controle social que instaure uma sociedade igualitária, livre e participativa.

A problemática que deve orientar a pesquisa educacional, na perspectiva de Mészáros, em síntese, questiona como a educação pode contribuir para a construção de uma forma de relacionamento igualitário, sem exploração e sem opressão. Outra questão orienta a pesquisa para identificarmos as concepções teóricas e as práticas educativas que são aplicadas nos processos educativos.

Texto complementar

Uma educação para além do capital

Uma concepção oposta e efetivamente articulada numa educação *para além do capital* não pode ser confinada a um limitado número de anos da vida dos indivíduos mas, devido a suas funções radicalmente mudadas, abarca-os a todos. A "autoeducação de iguais" e a "autogestão da ordem social reprodutiva" não podem ser separadas uma da outra. A autogestão – pelos produtores livremente associados – das funções vitais do processo metabólico social é um empreendimento progressivo – e inevitavelmente em mudança. O mesmo vale para as práticas educacionais que habilitem o indivíduo a realizar essas funções na medida em que sejam redefinidas por eles próprios, de acordo com os requisitos em mudança dos quais eles são agentes ativos. A educação, nesse sentido, é verdadeiramente uma educação continuada. Não pode ser "vocacional" (o que em nossas sociedades significa o confinamento das pessoas envolvidas a funções utilitaristas estreitamente predeterminadas, privadas de qualquer poder decisório), tampouco "geral" (que deve ensinar aos indivíduos, de forma paternalista, as "habilidades do pensamento"). Essas noções são arrogantes presunções de uma concepção baseada numa totalmente insustentável separação das dimensões prática e estratégica. Portanto, a "educação continuada", como constituinte necessário dos princípios reguladores de uma sociedade para além do capital, é inseparável da prática significativa da

> autogestão. Ela é parte integral desta última, como representação no início da fase de formação na vida dos indivíduos, e, por outro lado, no sentido de permitir um efetivo *feedback* dos indivíduos educacionalmente enriquecidos, como suas necessidades mudando corretamente e redefinidas de modo equitativo, para a determinação global dos princípios orientadores e objetivos da sociedade.
>
> (MÉSZÁROS, István. *A educação para além do capital*. São Paulo: Boitempo, 2005, pp. 74-5.)

Questões propostas

1. Identifique e comente as influências das concepções teóricas de Antonio Gramsci sobre as teorias de Louis Althusser e de István Mészáros.
2. Por que, segundo Mészáros, a crítica aos problemas educacionais nas sociedades capitalistas não pode se dirigir exclusivamente aos processos de interação e atividades que ocorrem no cotidiano escolar?
3. Quais são as diferenças entre as concepções teóricas de Mészáros e de Althusser?

Bourdieu:
A educação e as desigualdades sociais

Um dos intelectuais mais conhecidos e respeitados no mundo nas últimas décadas, tanto por sua trajetória científica quanto por sua ação política de oposição à globalização e ao neoliberalismo, o sociólogo francês Pierre Bourdieu (1930-2002) construiu uma obra teórica e investigativa que vem influenciando decisivamente as pesquisas em Sociologia da Educação, ao propor o estudo da ação pedagógica na busca do desvelamento daqueles mecanismos muitas vezes ocultos de imposição da dominação simbólica, mas que legitimam a reprodução das hierarquias que estruturam a ordem social e para ela contribuem.

Neste capítulo, apresentamos alguns conceitos considerados essenciais para o entendimento da relação entre a reprodução social e a educação, presentes na teoria da reprodução das desigualdades sociais por meio da educação, elaborada por Pierre Bourdieu, autor que realizou provavelmente as mais consistentes e significativas investigações em Sociologia da Educação na segunda metade do século XX, sempre dedicado a demonstrar como as desigualdades de desempenho na escola não representavam, na verdade, diferenças em relação à capacidade dos alunos, mas se constituíam em uma expressão das desigualdades sociais e culturais vivenciadas fora da escola.

O sistema de ensino e a reprodução das desigualdades sociais

No início da década de 1960, depois de retornar da Argélia, onde havia servido ao exército francês, entre 1955 e 1958, e trabalhado dois anos como professor na Faculdade de Letras de Argel, Pierre Bourdieu passa a trabalhar no Centro de Sociologia Europeia e nas Faculdades de Letras de Paris e depois de Lille. Realizando e coordenando várias pesquisas e publicações simultaneamente, em parceria com Jean-Claude Passeron, seu amigo desde os tempos de estudante na Escola Normal Superior, os dois publicam, em 1964, a obra *Os herdeiros: os estudantes e a cultura*, sobre o ensino universitário francês, que se tornaria um marco para as mudanças que ocorreriam nas pesquisas em Sociologia da Educação nos anos seguintes.

Combinando investigação empírica com uma densa discussão teórica, Bourdieu realiza uma dura crítica ao sistema educacional francês, atribuindo a este a manutenção e a reprodução das desigualdades sociais existentes na sociedade, ao possibilitar que os estudantes originários das classes detentoras de maiores quantidades de capital cultural se tornassem aqueles mais bem-sucedidos tanto em seu desempenho no sistema escolar, como em sua carreira profissional, ocupando as posições de maior prestígio e remuneração. Até então, o sistema de ensino francês era considerado um sistema democrático que contribuía para a igualdade de oportunidades e para a diminuição das desigualdades entre as classes sociais, ao fornecer uma educação de qualidade para todos os estudantes.

A pesquisa que dá origem ao livro se baseia em dados estatísticos do ensino superior francês. A primeira questão discutida é a presença desigual das classes sociais nas universidades francesas, como atesta a informação de que não havia mais do que 6% de filhos de operários cursando ensino superior na época. As categorias sociais mais bem representadas no ensino superior não faziam parte da maioria da população ativa formada por trabalhadores assalariados, mas sim de grupos e classes sociais que numericamente compunham a minoria do total da população francesa. De acordo com os dados coletados pelos dois autores, ao contrário do que se pensava, o sistema educativo francês colocava em funcionamento um mecanismo de "eliminação das classes desfavorecidas", uma vez que "um cálculo aproximado das possibilidades de ingresso na universidade segundo a profissão do pai demonstra que chega a menos de uma possibilidade em cem para os filhos de assalariados agrícolas; a cerca de setenta para os filhos dos industriais e a mais de oitenta para aqueles que provinham de famílias que exerciam as profissões liberais" (Bourdieu e Passeron, 2014: 13). Ao mesmo tempo, um filho de operário tinha quatro chances em cem de ingressar nesse mesmo nível de ensino.

Em um texto publicado originalmente em 1966, Bourdieu (1998: 39-64) apresenta os aspectos centrais de sua teoria da reprodução das desigualdades sociais por meio do sistema de ensino, que foi posteriormente, em 1970, sistematizada e publicada em parceria com Jean-Claude Passeron no livro *A reprodução: elementos para uma teoria do sistema de ensino*.

Uma problemática central que orienta toda a construção do texto: o sistema escolar, em vez de ser considerado um fator de mobilidade social, na realidade desempenha a função contrária, ou seja, é um dos mais eficazes fatores de conservação social, pois legitima as desigualdades sociais e sanciona a herança cultural como dom social e natural. Para a pesquisa em Sociologia da Educação, esse trabalho pode ser estudado como um conjunto de hipóteses sobre os sistemas de ensino das sociedades modernas – hipóteses que devem ser testadas por meio da investigação empírica, e não tomadas como verdades prontas e definitivas.

Então, poderemos pesquisar, por exemplo, em que medida as instituições de ensino superior favorecem os jovens das classes dominantes, por meio de recrutamento seletivo, e se existem mecanismos objetivos que determinam a eliminação contínua das crianças desfavorecidas. O capital cultural transmitido pela família contribui para o êxito ou o fracasso no sistema escolar.

.Com a noção de *habitus*, como foi desenvolvida por Bourdieu em sua sociologia da prática, podemos nos referir à existência de um conjunto de saberes e práticas interiorizados, mas que se formam em cada indivíduo lado a lado com a capacidade de pensar e agir por si mesmos, com base tanto na interiorização das experiências e das circunstâncias existentes na sociedade, por parte do agente, quanto na exteriorização de suas capacidades interiores. Compõem o *habitus* do agente todas as disposições adquiridas e desenvolvidas no seu processo de socialização e incorporadas de modo a possibilitar-lhe a formulação de concepções e habilidades necessárias para a sua vida individual e social.

O *habitus* envolve as capacidades próprias de cada indivíduo agir e pensar diferentemente da maneira que foi educado. Embora seja o resultado dos condicionamentos sofridos, o *habitus* possibilita que os indivíduos acrescentem elementos novos à sua experiência, transformando as condições herdadas do passado. Bourdieu chamou de "máquina transformadora" essa potencialidade do *habitus* de tornar possível que as estruturas sociais sejam reproduzidas, mas com a introdução de algumas transformações imprevisíveis, decorrentes das ações dos indivíduos, de modo que não podemos prever antecipadamente como os seres humanos vão agir, com base no conhecimento das circunstâncias em que vivem.

Nesse sentido, pode-se dizer que a escola e a família são complementares na formação do *habitus* do agente, pois a vivência em ambas as instâncias da vida social se expressa nas experiências escolares, dotando cada aluno de possibilidades para decodificar à sua maneira os saberes transmitidos pelos professores. Posteriormente, após passar pelo sistema de ensino, ao *habitus* de cada indivíduo é acrescentada a experiência escolar, o que condiciona sua trajetória subsequente na vida social e profissional. A distância ou a proximidade entre o *habitus* formado na convivência familiar em relação ao *habitus* formado e exigido pelo sistema de ensino são decisivas para a adaptação dos estudantes à escola e para a capacitação e o bom desempenho nos exames e provas.

É a família que realiza os investimentos educativos que transmitem para a criança determinado *quantum* de capital cultural durante o processo de socialização, que inclui saberes, valores, práticas, expectativas quanto ao futuro profissional, a atitude da família em relação à escola etc. Entre os valores difundidos pela família que podem levar a um maior investimento educacional, é possível localizar alguns elementos motivadores das condutas individuais, como um pronunciado interesse pelo consumo e pelo lazer ou pela acumulação de propriedades e títulos de prestígio, para a obtenção dos quais será necessária a participação em uma acirrada competição pelo êxito, que levará os vencedores até as posições sociais que garantam a realização de seus valores.

O sistema escolar, ao possibilitar o sucesso para aqueles que chegam com esse capital cultural, legitima as desigualdades sociais entre as famílias. Em seguida, após a passagem pelo sistema de ensino, a conquista de uma posição prestigiosa e rentável no mercado de trabalho vai depender do capital social de que dispõe cada agente.

Esses dois conceitos – "capital cultural" e "capital social" – são muito importantes para compreendermos a teoria sociológica de Bourdieu a respeito da educação. Segundo o autor,

> o capital cultural pode existir sob três formas: no estado incorporado, ou seja, sob a forma de disposições duráveis do organismo; no estado objetivado, sob a forma de bens culturais – quadros, livros, dicionários,

> instrumentos, máquinas, [...] e, enfim, no estado institucionalizado, forma de objetivação que é preciso colocar à parte porque, como se observa em relação ao certificado escolar, ela confere ao capital cultural – de que é, supostamente, a garantia – propriedades inteiramente originais. (Bourdieu, 1998: 74)

Já o "capital social" é formado a partir dos contatos e redes de relacionamento e confiança que caracterizam aquelas formas de convivência, de amizade ou simplesmente de troca de favor entre aqueles que estão vinculados a um grupo social, com valores, afinidades, costumes, interesses e objetivos compartilhados.

O sociólogo considera que o sistema escolar contribui para manter e legitimar as situações de desigualdade social e cultural entre os indivíduos e as classes sociais, pois as diferenças entre essas classes são ignoradas pelo processo escolar, possibilitando aos que chegam à escola com os saberes e competências mais valorizados a chance de serem mais bem-sucedidos nas atividades do cotidiano escolar e nos exames, obtendo os diplomas mais respeitados socialmente. É assim que o sistema escolar atribui legitimidade às desigualdades sociais e culturais existentes na sociedade.

Dimensões social e simbólica da reprodução social

A reprodução social desenvolve-se em duas dimensões interdependentes. A dimensão social, que determina a posição dos agentes na estrutura social, e a dimensão simbólica, que garante a reprodução das representações sobre a realidade social. A reprodução do poder simbólico depende da reprodução de sistemas simbólicos como a arte, a religião, a língua, a ciência, que são instrumentos de comunicação e de conhecimento, portadores de um conjunto de representações sobre a ordem social que, por meio da violência simbólica sofrida e aceita pelos dominados contribui para a reprodução da ordem social.

O sistema escolar e outros sistemas simbólicos exercem sobre os dominados uma violência também simbólica que desempenha a função de viabilizar seu domínio e controle, uma vez que confirmam e legitimam as desigualdades, garantindo que os próprios dominados concordem com a subalternização. Deve-se considerar, entretanto, a possibilidade de que os agentes do processo educativo contestem a ordem social existente. A necessidade capitalista de tornar a força de trabalho instruída contraditoriamente pode gerar como efeito a contestação e a revolta contra o próprio capitalismo. Mesmo com base na teoria dos campos de Bourdieu, pode-se fazer referência à existência de agentes dominados no interior do campo educacional ou de outros campos, portadores de *habitus* com "capacidades criadoras, ativas, inventivas", que os qualificam para a contestação dos dominantes do próprio campo, com suas práticas e produções simbólicas, visando impedir que o campo das instituições escolares assegure a reprodução do campo do poder.

Uma proposta pedagógica contra a reprodução das desigualdades na escola

Desde a publicação do livro *Os herdeiros...*, em 1964, Bourdieu propõe que a prática de uma "pedagogia racional" deve adotar como ponto de partida a consideração dos fatores reais que condicionam as desigualdades de desempenho na educação escolar. O planejamento e a implementação das atividades educativas devem possibilitar que o maior número possível de estudantes tenha acesso a todas as formas de cultura: a frequência a museus, o manejo de noções e técnicas econômicas, a consciência política, passando pelas artes e literatura etc.

As aulas magistrais que poucos estudantes conseguem assimilar, por exemplo, podem ser substituídas por um trabalho pedagógico que ensine as técnicas de estudo sistemático, como a elaboração de notas e fichas de leitura, lista de exercícios e as técnicas de redação, até mesmo valorizando e ensinando a importância da disciplina e da concentração no trabalho intelectual. Tudo isso sem supor que os estudantes já deveriam contar com uma formação adquirida na educação básica ou no meio familiar, que, de fato, a maioria não conta quando chega ao ensino superior. A ação pedagógica pode fornecer uma grande contribuição para a igualdade social, "ao possibilitar aos estudantes das classes desfavorecidas superar suas desvantagens" (Bourdieu e Passeron, 2006: 113).

As desigualdades culturais que se expressam nas diferenças de desempenho e sucesso escolar dos estudantes nas atividades pedagógicas são condicionadas socialmente, como resultado do acesso diferenciado das famílias e classes sociais aos bens culturais e saberes valorizados pela escola. Sendo assim, uma pedagogia que vise aprimorar os processos de ensino e aprendizagem deve fornecer aos estudantes as condições que estes não dispõem em seus meios sociais e culturais de origem.

Uma educação verdadeiramente democrática deve ter como finalidade incondicional "permitir ao maior número possível de indivíduos a aquisição no menor tempo possível, da forma mais completa e perfeitamente possível, o maior número possível das competências que conformam a cultura educacional em um momento dado" (Bourdieu e Passeron, 2006: 113), para que se possam neutralizar os fatores sociais que geram as desigualdades culturais e de desempenho na educação escolar.

Dessa forma, a ação pedagógica poderia romper com a lógica que transforma os privilégios econômico e cultural herdados de suas famílias pelos estudantes em mérito individual. Essa lógica excludente leva à seleção e à hierarquização dos estudantes de acordo com o desempenho nos exames e provas, que são avaliadas como se fossem apenas o resultado do empenho e da competência individual, e não do acesso privilegiado aos bens culturais, valores e modos de comportamentos que são esperados pelos professores.

> No estado atual da sociedade e das tradições pedagógicas, a transmissão das técnicas e dos hábitos de pensamento exigidos pela educação nos remete primordialmente ao meio familiar. Portanto, toda democratização real supõe que os ensine ali onde os mais desfavorecidos podem adquiri-los, quer dizer, na escola; que se amplie o domínio do que pode ser racional e tecnicamente adquirido através de uma aprendizagem metódica em prejuízo do que é abandonado geralmente à sorte dos talentos individuais, ou seja, de fato, à lógica dos privilégios sociais [...]. (Bourdieu e Passeron, 2006: 110; tradução dos autores)

A escola pode contribuir para que todos os estudantes tenham acesso às obras culturais que as classes dirigentes querem manter como privilégio sob seu monopólio, a exemplo da frequência a museus, ao teatro, o aprendizado da dança, da música e de outras artes.

A sociologia da ciência de Pierre Bourdieu

Ao lado da sociologia da educação apresentada anteriormente, Pierre Bourdieu desenvolve uma severa crítica à forma de estruturação da ciência nas sociedades modernas. A educação escolar confirma a mesma lógica presente no campo científico, uma vez que esse não propicia para todos os seus membros uma distribuição igualitária das oportunidades para a formação de novos cientistas, de realização de pesquisas e de acesso às informações sobre os conhecimentos produzidos pelas pesquisas científicas, pois os próprios cientistas procuram o privilégio advindo do monopólio sobre o saber científico, o que faz que a maioria dos membros das sociedades contemporâneas não tenha acesso à produção e ao consumo dessa modalidade de conhecimento.

No último curso em que lecionou como professor do Collège de France, no ano letivo de 2000-2001, portanto, pouco antes de se aposentar e falecer em janeiro de 2002, Bourdieu se dedicou à sistematização de uma vertente importante de sua obra – a Sociologia da Ciência. No prólogo de seu curso, ele argumentou ter escolhido esse tema por considerar que a autonomia científica, que se realiza com a independência dos cientistas em relação aos poderes estabelecidos – políticos, econômicos e religiosos –, estava sendo ameaçada.

Para o sociólogo, os cientistas infelizmente não formam uma comunidade de pensadores voltados para a procura do bem e da verdade, mas sim para aquilo que denominou um "campo científico", no qual a competição mais mesquinha por prestígio e recursos orienta a relação conflituosa entre os pesquisadores: "todos conhecem a verdade das práticas científicas, e todos continuam a fingir não saber e a acreditar que isso se passa de outro modo" (Bourdieu, 2004a: 108).

Para realizar o trabalho de investigação, o cientista não pode ignorar essa realidade que o condiciona e constrange. Mas seria um erro grosseiro tanto pensarmos que os cientistas formam uma comunidade encantada de sacerdotes do saber quanto imaginá-los como uma matilha de arrivistas cínicos e interesseiros, preocupados apenas com prestígio e poder político: "a ciência é dependente de toda uma tecnologia de investigação. A ciência tem uma história cumulativa, recursos acumulados, metodologias, instrumentos, bibliotecas, laboratórios" (Bourdieu, 2004a: 100), aos quais os cientistas deverão ter acesso para a realização de sua vocação de pesquisadores. Então "o sujeito da ciência não é o cientista singular, mas o campo científico", baseado nas relações de concorrência, na comunicação, na argumentação e na verificação. "Os cientistas nunca são os 'gênios singulares' de quem se faz a história hagiográfica [...], mas sujeitos coletivos [...] que trabalham no seio de grupos coletivos com instrumentos que pertencem à história coletiva" (Bourdieu, 2004a: 99).

Não podemos, então, entender os cientistas, sua vida e suas obras, se os considerarmos seres isolados que fazem descobertas geniais, já que todos nós dependemos das teorias e experiências científicas que nos foram transmitidas pelos cientistas do passado, de condições de vida, educacionais e culturais, enfim, das universidades, laboratórios, editoras e meios de comunicação que existem em nossa sociedade.

Uma consequência dessa argumentação é que o conhecimento científico é gerado pela relação de diálogo e, muitas vezes, de conflito entre os pesquisadores, ainda mais porque os membros do campo científico devem reconhecer como válida e importante uma descoberta científica. Quando um cientista critica o trabalho de outro, ele está colaborando para o seu aprimoramento e para a validação do trabalho.

Defendendo uma concepção interdisciplinar de ciência, Bourdieu critica explicitamente a tendência à especialização excessiva das ciências sociais como se fosse "um desejo de imitar as ciências avançadas, nas quais as pessoas têm objetos de pesquisa muito precisos e bem restritos" (Bourdieu, 2004b: 54), a partir de uma concepção positivista de ciência que reivindica uma diferenciação em relação à Filosofia: "[...] é absurdo separar, por exemplo, a sociologia da cultura. Como é possível fazer sociologia da literatura ou sociologia da ciência sem referência à sociologia do sistema escolar?" (Bourdieu, 2004b: 54).

No Congresso Mundial de Sociologia de Varna, ocorrido em setembro de 1970, Bourdieu já discordava das "divisões dos grupos de trabalho entre a sociologia da educação, sociologia da cultura e a sociologia dos intelectuais, que conduzia cada uma dessas 'especialidades' a abandonar à outra os verdadeiros princípios explicativos dos seus objetos" (Bourdieu, 2005: 95). Em sua concepção deve ocorrer uma superação dos limites dessa divisão escolástica que predomina na história das disciplinas, em favor de uma maior interdisciplinaridade: "é preciso transgredir as fronteiras disciplinares e ir procurar em outras disciplinas as coisas que aqueles que estão ocupados procurando dentro de suas disciplinas não podem encontrar ali [...]" (Bourdieu, 2013: 164; tradução dos autores).

Texto complementar

O Estado e a educação

Desde então, trabalhando com a educação, descobri progressivamente que o sistema escolar era talvez um imenso rito de instituição, e que se poderiam afinal considerar as etapas do currículo escolar como etapas de um currículo iniciático em que o iniciado, como nas lendas ou nos mitos iniciáticos, torna-se cada vez mais consagrado para chegar a uma consagração final, obtendo, no fim, o símbolo de sua eleição, que é o diploma escolar.

De um lado, os ritos de instituição, o sistema escolar que realiza os ritos de consagração; de outro, o Estado, que faz funcionar o sistema escolar. Digo a mim mesmo: Estado, organizando o sistema escolar e todos os ritos de instituição que se realizam por meio dele, institui ritos de instituição muito importantes que estruturam não só as hierarquias sociais – professor titular/professor não titular, formado/não formado pela Escola Nacional de Administração –, isto é, o que se lê nos manuais de sociologia da educação, mas também as estruturas mentais através das quais são percebidas essas estruturas sociais e essas hierarquias sociais. O sistema escolar não somente institui as pessoas objetivamente hierarquizadas, as divisões objetivas no mundo do trabalho, uma divisão do trabalho legítima, como institui, ao mesmo tempo, nos espíritos submetidos à sua ação princípios de visão e de divisão conformes a essas divisões objetivas. O Estado contribui tanto para produzir hierarquias como para produzir princípios de hierarquização conformes a essas hierarquias. Entre esses princípios de hierarquização: os "quadros sociais da memória", os sistemas de valores, a hierarquia das disciplinas, dos gêneros.

(BOURDIEU, Pierre. *Sobre o Estado.* São Paulo: Companhia das Letras, 2014, p. 249.)

Questões propostas

1. Explique como a noção de *habitus,* desenvolvida por Bourdieu, pode ser relevante para o estudo dos processos educativos.
2. Segundo a teoria da reprodução apresentada, por meio de quais mecanismos o sistema de ensino contribui para a legitimação das desigualdades entre as classes sociais?
3. Quais as propostas pedagógicas de Pierre Bourdieu para combater a reprodução das desigualdades sociais através da educação escolar?

Foucault: educação, poder e disciplina

A ordem social moderna é constituída por uma expansão ilimitada do poder e do exercício de uma dominação implacável sobre os indivíduos. Essa ideia central do pensamento do filósofo francês Michel Foucault (1926-1984), presente em suas obras *Vigiar e punir* e *História da sexualidade*, é uma chave interpretativa importante para que a pesquisa em sociologia possa investigar como a educação escolar subjuga os indivíduos, tornando-os passivamente adaptados a uma sociedade disciplinar e favorecendo os dirigentes e administradores.

A noção de poder é encontrada no pensamento de Foucault com uma formulação própria. O poder não é concebido como uma coisa ou substância material, nem é monopólio de Estados e exércitos; constitui, sim, uma rede de relações de força que se difunde por todos os espaços da sociedade e se manifesta até nas situações mais íntimas de convivência entre os seres humanos. As manifestações do poder se combinam com a produção de um saber sobre os indivíduos. Por sua vez, o saber é produzido como a expressão de uma vontade de poder. Como afirma Moreira (2004: 614), "poder e saber, como dois lados do mesmo processo, entrecruzam-se no sujeito, seu produto concreto. Não há relação de poder sem a constituição de um campo de saber, nem saber que não se pressuponha e não constitua relações de poder".

A obra de Michel Foucault influi diretamente em inúmeras áreas de investigação e, na Sociologia da Educação, pode ser considerada um referencial importante para a pesquisa sobre as formas empregadas pelo poder, por meio da instituição escolar, para disciplinar os agentes que se relacionam em seu interior.

As disciplinas como formas de dominação

Foucault considera que foi durante a época clássica que se deu a descoberta do corpo como alvo e objeto do poder, para a manipulação, a modelação, o treinamento e a submissão de maneira detalhada e sistemática, produzindo-se uma nova "microfísica" celular do poder. Foi nos séculos XVII e XVIII que as disciplinas se transformaram em formas de dominação, como modalidade de "controle minucioso das operações do corpo", visando à sujeição constante e à utilidade, à obediência e à habilidade. Para ele "a disciplina fabrica assim corpos submissos e exercitados, corpos dóceis" (Foucault, 1999: 119) para a rotina dos colégios, escolas, hospitais, organizações militares e religiosas.

Segundo tal enfoque, uma distribuição espacial bem definida é o primeiro requisito para a produção de corpos disciplinados. Para tanto se pode recorrer à definição de um local específico, diferenciado dos demais e fechado em si mesmo por meio do uso de uma cerca. Para o filósofo, "o modelo do convento se impõe pouco a pouco; o internato aparece como o regime de educação senão o mais frequente, pelo menos o mais perfeito", e nos quartéis a separação em relação ao restante da sociedade torna possível fixar o exército, "impedir a pilhagem e as violências; acalmar os habitantes que suportam mal as tropas de passagem; evitar os conflitos com as autoridades civis, fazer cessar as deserções; controlar as despesas" (Foucault, 1999: 122).

O passo seguinte foi estender esse tipo de organização para o uso na produção industrial, tornando a fábrica muito parecida com um convento ou uma fortaleza, na qual os vigilantes monitoram o ingresso dos trabalhadores individualmente após um sinal sonoro que determina o início das atividades de trabalho, para prevenir a ociosidade e as agitações que diminuem o ritmo e a quantidade da produção e proteger as matérias-primas, máquinas e ferramentas de um uso inadequado.

Além do cerceamento da coletividade, para a aplicação da disciplina é necessário evitar que os indivíduos se associem e se solidarizem entre si, colocando cada qual num lugar específico, impedindo a formação de pequenos grupos ao mesmo tempo que há um esforço para tornar o controle individualizado, por meio da vigilância do comportamento de cada um e da avaliação de suas atitudes indisciplinadas e de seus méritos.

O controle da atividade também se torna ostensivo por meio da determinação de tarefas específicas a serem repetidas rotineiramente em determinado horário. Subtraem-se dos sujeitos quaisquer atividades que não sejam consideradas úteis para os fins almejados, cobrando-lhes eficiência e destreza, regularidade e persistência no uso do corpo, um tempo disciplinado segundo o princípio de que "é proibido perder um tempo que é contado por Deus e pago pelos homens". A aplicação das disciplinas no espaço escolar foi assim sintetizada por ele: "Em resumo, pode-se dizer que a disciplina produz, a partir dos corpos que controla, quatro tipos de individualidade, ou, antes, uma individualidade dotada de quatro características: é celular (pelo jogo da repartição espacial), é orgânica (pela codificação das atividades), é genética (pela acumulação do tempo), é combinatória (pela composição das forças)" (Foucault, 1999: 141).

Educação, adestramento e vigilância

Para produzir corpos disciplinados é necessário um adestramento adequado. Para tal objetivo, Foucault lembra que um dos pressupostos é a vigilância hierárquica, que torna os subordinados visíveis para os superiores. "O próprio edifício da escola devia ser um aparelho de vigiar", possibilitando a fiscalização das atividades dos educandos. Entretanto, o olhar que vê não deve ser visto pelo subordinado. E por isso a arquitetura dos espaços escolares, militares, religiosos passa a ser construída para possibilitar a visão dos superiores, tornando visíveis aqueles que estão no interior das edificações, prevenindo-se assim as insubordinações que se manifestam no anonimato e a independência comportamental, considerada uma ameaça à moralidade.

> Na oficina, na escola, no exército funciona como repressora toda uma micropenalidade do tempo (atrasos, ausências, interrupções das tarefas), da atividade (desatenção, negligência, falta de zelo), da maneira de ser (grosseria, desobediência), dos discursos (tagarelice, insolência), do corpo (atitudes incorretas, gestos não conformes, sujeira), da sexualidade (imodéstia, indecência). Ao mesmo tempo é utilizada, a título de punição, toda uma série de processos sutis, que vão do castigo físico leve a privações ligeiras e pequenas humilhações. (Foucault, 1999: 149)

A normatização que torna homogêneas as regras para as atividades cotidianas é um instrumento que servirá como princípio coercitivo, visando à padronização das condutas individuais no interior da organização.

É por meio do ritual do exame individual que a vigilância e a sanção se completam. O exame pode medir as qualificações individuais e selecionar aqueles que receberão os estímulos positivos e negativos de modo legítimo, tanto no interior da instituição escolar ou prisional como exteriormente, sancionando o lugar que caberá a cada examinado, de acordo com seu desempenho. Assim, "escola torna-se uma espécie de aparelho de exame ininterrupto que acompanha em todo o seu cumprimento a operação do ensino" (Foucault, 1999: 155), submetendo os indivíduos à disciplina exigida pelos examinadores que detêm o controle sobre a situação de exame.

O processo de individuação na sociedade moderna se efetiva por meio da disciplina que molda, adestra, seleciona, exclui, reprime, recalca, censura, abstrai, mascara, esconde. Cada vez mais, as disciplinas funcionam "como técnicas que fabricam indivíduos úteis" (Foucault, 1999: 174). Sem as coerções coletivas internalizadas na vida comunitária, as disciplinas impessoais, normatizadas, passam a realizar a socialização dos membros da sociedade. Os processos de acumulação de capital durante a Revolução Industrial foram também simultaneamente o uso de tecnologias organizacionais que possibilitassem o controle político e a sujeição dos trabalhadores no interior das fábricas a uma disciplina inteiramente voltada para os interesses de uma maior produtividade.

Para demonstrar como a vigilância é um meio de controle que possibilita o disciplinamento dos corpos, no livro *Vigiar e punir*, Foucault lança mão do conceito de pan-óptico, idealizado pelo filósofo Jeremy Bentham no final do século XVIII. Trata-se de uma estrutura arquitetônica construída em formato de anel, utilizável em uma instituição prisional, escolar, hospitalar ou fabril, com uma torre central que permite a um vigilante monitorar visualmente todos os membros da organização. Em uma instituição escolar voltada para o disciplinamento dos corpos, uma estrutura "pan-óptica" permitiria ao professor vigiar as atividades dos alunos, visualizados individualmente, graças à sua posição central à frente das mesas e cadeiras em uma sala de aula e graças aos exames que avaliam o desempenho de cada um. O objetivo é sempre o controle cotidiano dos indivíduos, por meio da observação instantânea de uma grande multidão por um pequeno número, por um aparelho que simultaneamente pode realizar a observação individualizada, a caracterização, a classificação e a organização analítica da espécie, possibilitando a sua coerção. O pan-óptico tem a flexibilidade e a polivalência de inúmeras aplicações, pois pode ser empregado na punição preventiva a prisioneiros, no monitoramento de doentes mentais, estudantes, trabalhadores em um escritório ou fábrica. Ao mesmo tempo que permite o controle e o monitoramento de uma coletividade, sua aplicação também é individualizante.

Tratando especificamente da reorganização do espaço escolar, Foucault considera que a partir de 1762 ocorreu na Europa um desdobramento das salas de aula, com a tentativa de homogeneização dos alunos, que passaram a ser tratados como um aglomerado de indivíduos dispostos sob o olhar vigilante do professor. A maneira como as carteiras são dispostas na sala, na forma de fileiras, possibilita o estabelecimento de uma ordem disciplinar no interior da escola, que determina como os alunos devem se comportar em cada atividade proposta ou nos exames, dia após dia, durante anos. O estabelecimento de uma hierarquia de idades leva à seriação dos conteúdos transmitidos, a pretexto de que esses estejam adequados à idade dos alunos de cada ano escolar. É assim que os alunos, um a um, tornam-se subordinados às classificações por idade, comportamento e desempenho, ocupando de maneira gradual uma posição simbolicamente mais elevada na estrutura hierárquica do estabelecimento escolar, até receber o diploma pretensamente baseado nos méritos individuais.

Texto complementar

A disciplina escolar

Pouco a pouco – mas principalmente depois de 1762 – o espaço escolar se desdobra; a classe tornase homogênea, ela agora só se compõe de elementos individuais que vêm se colocar uns ao lado dos outros sob os olhares do mestre. A ordenação por fileiras, no século XVIII, começa a definir a grande forma de repartição dos indivíduos na ordem escolar; filas de alunos na sala, nos corredores, nos pátios; colocação atribuída a cada um em relação a cada tarefa e cada prova; colocação que ele obtém de semana em semana, de mês em mês, de ano em ano; alinhamento das classes de idade umas depois das outras; sucessão dos assuntos ensinados, das questões tratadas segundo uma ordem de dificuldade crescente. E nesse conjunto de alinhamentos obrigatórios, cada aluno segundo sua idade, seus desempenhos, seu comportamento, ocupa ora uma fila, ora outra; ele se desloca o tempo todo uma série de casas, umas ideais, que marcam uma hierarquia do saber ou das capacidades, outras devendo traduzir materialmente no espaço da classe ou do colégio essa repartição de valores ou dos méritos. Movimento perpétuo onde os indivíduos subsistem uns aos outros, num espaço escondido por intervalos alinhados. A organização de um espaço serial foi uma das grandes modificações técnicas do ensino elementar. Permitiu ultrapassar o sistema tradicional (um aluno que trabalha alguns minutos com o professor, enquanto ficam ociosos e sem vigilância os grupos confusos dos que estão esperando). Determinando lugares individuais tornou possível o controle de cada um e o trabalho simultâneo de todos. Organizou uma nova economia do tempo de aprendizagem. Fez funcionar o espaço escolar como uma máquina de ensinar, mas também de vigiar, de hierarquizar, de recompensar. J. B. de La Salle imaginava uma classe onde a distribuição espacial pudesse realizar ao mesmo tempo toda uma série de distinções: segundo o nível de avanço dos alunos, segundo o valor de cada um, segundo seu temperamento melhor ou pior, segundo sua maior ou menor aplicação, segundo sua limpeza, e segundo a fortuna dos pais. Então, a sala de aula formaria um grande quadro único, com entradas múltiplas, sob o olhar cuidadosamente "classificador" do professor.

(FOUCAULT, Michel. *Vigiar e punir.* Petrópolis: Vozes, 1999, pp. 125-6.)

Questões propostas

1. Segundo Michel Foucault, por que as instituições escolares enfatizam de maneira tão decisiva a observância à disciplina pelos agentes que atuam em seu interior?
2. Faça um levantamento e uma descrição dos mecanismos práticos utilizados pela instituição escolar para disciplinamento dos corpos dos alunos, professores e demais funcionários.

Habermas:
educação e ação comunicativa

A crítica que a sociologia da educação exerce sobre os processos educativos não pode prescindir da *teoria da ação comunicativa* do filósofo alemão Jürgen Habermas (1929-). Considerado um herdeiro da teoria crítica das sociedades modernas formulada pelos filósofos Horkheimer e Adorno, fundadores do famoso Instituto de Pesquisa Social de Frankfurt, nas últimas décadas Habermas vem produzindo uma densa e consistente reflexão filosófica que visa resgatar a importância da relação intersubjetiva entre os sujeitos, na busca do entendimento por meio do diálogo. Nesse processo, a ação educativa pode prestar a contribuição de socializar as novas gerações para a construção de identidades de acordo com padrões éticos de convivência e solidariedade.

O pensamento filosófico de Jürgen Habermas também pode ser considerado um referencial para a pesquisa em sociologia da educação. A chamada "teoria crítica", elaborada inicialmente por Adorno e Horkheimer, exerceu grande influência na pesquisa educacional, e, na construção do pensamento de Habermas, consta como um pressuposto importante e alguns aspectos dessa influência originam-se na leitura da obra *Dialética do esclarecimento*. O termo "esclarecimento" expressaria, segundo os autores Adorno e Horkheimer, o processo de "desencantamento do mundo", indicando, assim, o processo de secularização da cultura, com a eliminação do pensamento e da prática mágicos. O desencantamento do mundo representaria a emancipação em relação ao medo da natureza, ao desconhecido e ao pensamento mítico.

Educação e individualismo

O problema central que orienta toda a obra *Dialética do esclarecimento*, como exposto em seu prefácio, é "descobrir por que a humanidade, em vez de entrar em um estado verdadeiramente humano, está se afundando em uma nova espécie de barbárie" (Adorno e Horkheimer, 1985: 11). O processo de racionalização na filosofia e na ciência leva a um mundo administrado. O esclarecimento se converte em positivismo e em ideologia. Tal processo produz um progresso tecnológico que traz em si a possibilidade de desagregação social, pois, segundo os dois autores, os avanços na esfera da produtividade material, em vez de gerar prosperidade para toda a humanidade, são apropriados pelas classes dominantes para benefício próprio e prejuízo da maioria dos seres humanos. O mesmo processo histórico que leva ao desenvolvimento de forças produtivas responsáveis por uma melhor relação com a natureza conduz à anulação dos indivíduos, transformados em meros apêndices pelo sistema capitalista.

Ao longo do processo de socialização, os seres humanos são estimulados a se conformar com uma ordem social que se pretende inexorável. O mercado no qual os indivíduos terão que competir para ganhar sua subsistência é indiferente em relação às características propriamente humanas dos consumidores de mercadorias. Formalmente, entretanto, a mesma ordem social se fundamenta na existência de indivíduos livres, autônomos e iguais em direito. Para conseguir se adaptar às demandas do mercado, o indivíduo concede que características humanas sejam adaptadas às necessidades do mercado de trabalho e de produção de mercadorias, e com isso nega a sua possibilidade de emancipação. Para os dois autores, as novas tecnologias reduzem a necessidade de força de trabalho e são utilizadas pelas classes proprietárias do capital como mais um meio para submeter a massa de trabalhadores, transformados em excedentes e rebaixados a uma condição de objeto do sistema administrativo.

A modernidade é caracterizada, assim, como a era em que a vida social passa a ter como centro a ideia da existência do indivíduo e do individualismo, demarcados por uma crescente autonomia em relação à vida comunitária e social. Com o cartesianismo difunde-se a concepção de que o indivíduo pode racionalmente chegar ao conhecimento da verdade. O indivíduo racional, sujeito de um conhecimento que leva à verdade, é também um dos marcos da modernidade, e o assombro desse indivíduo diante de um mundo que se impõe como realidade vai alimentar a dúvida cartesiana contra a certeza da salvação e impulsionará a pesquisa racional e metódica sobre os acontecimentos da realidade.

Seguindo essa linha de raciocínio, pode-se dizer que a Reforma Protestante provoca o surgimento do indivíduo religioso que procurará, por si mesmo, a sua ligação com o sagrado e os sinais da salvação. Já no pensamento contratualista, que inspirou a Revolução Francesa, são os indivíduos que se tornam os portadores de direitos, como indica a Declaração dos Direitos do Homem e do Cidadão aprovada pela Assembleia Constituinte francesa em 26 de agosto de 1789, segundo a qual os indivíduos têm direito à liberdade e à igualdade – cabendo ao Estado a atribuição de garantir o respeito a uma lei que expresse a vontade geral dos cidadãos, para que estes possam exercer plenamente seus direitos de participar da vida política e expressar livremente e em segurança as próprias opiniões –, assim como à propriedade privada.

Na Era Moderna, desde os prenúncios mencionados anteriormente, a tradição passa a ser rejeitada de maneira sistemática pela obsessiva busca da novidade, que deve ser entendida simplesmente como tudo aquilo que até então não fora visto, vivenciado ou criado por ninguém. A criação se efetiva como um modo de buscar o novo e a substituição do existente por algo feito pelo homem e que não pode ser encontrado na natureza. Conservar, manter, garantir a durabilidade e evitar a obsolescência ou a depreciação de um bem foram maneiras que a humanidade encontrou para lidar com a escassez. Na Era Moderna, ao contrário, a destruição se tornou uma das principais alavancas da produção e a depreciação planejada dos bens e criações humanas passou a alimentar uma economia baseada no desperdício que propicia a nova produção – o consumo deixa de ser um meio para a satisfação das necessidades humanas para se tornar um meio de incrementar a produtividade.

Para criar e produzir ininterruptamente, o indivíduo desenvolve um verdadeiro culto à atividade produtiva, como indicou Max Weber ao evidenciar a importância da ética do trabalho na doutrina da vocação de

Martinho Lutero, invertendo a tradicional ordem hierárquica que colocava a *vita contemplativa* em primeiro plano em relação à *vita activa*, como nos recorda Hannah Arendt (1999: 302) em *A condição humana*. Segundo a autora, "a produtividade e a criatividade, que iriam se tornar os mais altos ideais e até mesmo ídolos da Era Moderna, em seus estágios iniciais são qualidades inerentes ao *Homo Faber*, ao homem como construtor e fabricante" (1999: 309).

O indivíduo moderno procura os meios materiais reclamados por sua engenhosidade na própria natureza, que passa a ser instrumentalizada como um mero recurso à disposição, alçado à posição soberana de "medida de todas as coisas". As máquinas-ferramentas que elevaram à máxima potência a capacidade de o animal humano se apropriar da natureza ganham um local de destaque no altar da modernidade. O julgamento que o indivíduo moderno passa a realizar tanto sobre o mundo natural quanto sobre o mundo humano é orientado pelo princípio da utilidade para os fins da produtividade e da criatividade. Assim nasceu a falta de consideração por aquelas formas de pensar que não são utilitárias e nem estão direcionadas à fabricação de objetos artificiais, que têm sua obsolescência programada para gerar uma produção infinita e diversificada.

Esse culto à produtividade e à criatividade só pode ser mantido se ao menos alguns indivíduos resistirem ao "canto das sereias" da satisfação imediata pelo consumo, para com isso conseguirem acumular a propriedade dos meios de produção, enquanto a maioria vai se entregar ao consumo como consolação pela impossibilidade de acumular propriedades, mas não sem uma competição acirrada para a definição de quem serão os proprietários.

Para realizar suas inclinações, esse indivíduo desenvolve uma concepção instrumental de razão, fundamentada no princípio da causalidade, na dimensão contábil e quantitativa, e na utilidade econômica das coisas, incluídos entre estas os demais seres humanos. O problema central da modernidade é que, em consequência dessa racionalidade instrumental, o aumento das forças produtivas, o desenvolvimento da técnica e da capacidade de organização, e a qualificação da força de trabalho podem inviabilizar a emancipação humana.

O mesmo indivíduo nascido no início da Era Moderna termina desintegrado pela pressão do geral dominante. Inseguro, em decorrência da crise de identidade e da perda de autonomia, ele se torna propenso a aderir acriticamente aos poderes constituídos e a se identificar com as instâncias coletivas que manipulam os seres humanos, o que prepara seu espírito para a indiferença, a insensibilidade diante da dor do outro. Para Adorno (1999: 120), nasce, dessa forma, uma ordem social que produz e reproduz a frieza, porque cada indivíduo está mais preocupado em "defender o proveito próprio antes de todos os demais para não correr risco algum, para não se queimar".

Adorno concorda com a reflexão weberiana sobre as consequências do processo de racionalização que tornam o indivíduo prisioneiro de um mundo administrado. A ocorrência de uma claustrofobia dos seres humanos no interior das organizações burocráticas provoca "uma sensação de fechamento dentro de uma rede de malha espessa, tramada de ponta a ponta pela socialização. Quanto mais espessa é a rede, tanto mais se anseia sair dela, porquanto é precisamente a sua espessura que impede qualquer evasão. Isto reforça a fúria contra a civilização. Violenta e irracionalmente, protesta-se contra ela" (Adorno, 1999: 107).

Educação e formação das identidades

A formação das identidades é um processo social que depende do contato e das características físicas, cognitivas, afetivas, sexuais, culturais e étnicas dos seres humanos envolvidos nas situações educativas. "Ninguém pode edificar sua própria identidade independentemente das identificações que os outros fazem dele", ensina-nos Habermas (1983: 22). Assim, as diferenças expressam-se nos contatos entre identidades distintas umas das outras em circunstâncias sociais determinadas. Em outras palavras, as identidades se formam nas relações sociais e dependem tanto da competência interativa do sujeito, ou seja, da relação entre a sua interioridade e a estrutura social, como de sua capacidade reflexiva para decodificar como os atributos da própria identidade se relacionam com as identidades coletivas dos grupos de referência para os indivíduos. Esse desenvolvimento da identidade do ser humano pode ser analisado como um processo de aprendizagem:

- Da competência linguística necessária para os processos de comunicação;
- da competência cognitiva que nos propicia a busca dos conhecimentos necessários para a vida em sociedade;

- da competência para a interação que possibilita a ação, a convivência com o outro e, enfim a participação na vida social.

De uma perspectiva geral, todos os processos educativos devem levar ao desenvolvimento desses três conjuntos de competências.

A SUPERAÇÃO DOS CONDICIONAMENTOS SOCIAIS: O AGIR COMUNICATIVO

O agir comunicativo é orientado para o acordo intersubjetivo e depende da emissão de um discurso com "pretensões de validade" do qual fazem parte, em resumo, a compreensibilidade da expressão simbólica do emissor pelo receptor, um presumido conteúdo de verdade na mensagem veiculada e a veridicidade da intenção do autor. A pretensão de validade é o que torna possível a compreensão mútua entre os sujeitos, podendo levar à formação de uma racionalidade que resulte em um agir e interagir consensual. A linguagem é o meio para o acordo intersubjetivo, uma vez que medeia o processo de interação que visa ao entendimento. É a aprendizagem de convicções morais, de um saber prático e do agir comunicativo que possibilita o aprendizado e a prática da regulamentação consensual dos conflitos de ação, que, por sua vez, levam à integração social fundada na "identidade do Eu" e na identidade coletiva.

A consciência moral se expressa na busca de soluções consensuais para os conflitos gerados pelas ações dos sujeitos. Com isso, surge um agir discursivo orientado para o acordo, acordo este resultante de um processo de crítica e de argumentação, que implica também a postergação da realização de interesses ou mesmo a renúncia deles, tendo em vista a convivência.

O agir comunicativo possibilita a ultrapassagem dos condicionamentos sociais que inviabilizam a emancipação humana. Mas esse agir consensual pode não ocorrer em virtude da possibilidade de adaptação humana a tais condicionamentos sociais, pois esta se revela no agir racional, tendo em vista os fins dos agentes, ou seja, a busca de eficácia no emprego de meios que levam a determinado fim almejado, de acordo com cálculo e previsão. Habermas critica esse agir estratégico no qual se tenta "influenciar as decisões dos outros", orientando-se tão somente para o próprio sucesso, fazendo da linguagem um meio para a dominação.

Embora, por um lado, uma consequência desse agir estratégico seja o aumento das forças produtivas, o desenvolvimento da técnica, da capacidade de organização e da qualificação da força de trabalho, por outro lado, esse modo de agir está aquém das necessidades humanas de emancipação. Por meio do agir comunicativo promove-se o "respeito de normas intersubjetivamente válidas" com base na validade do discurso que restabelece a comunicação não deformada. As pretensões de validade universal são reconhecidas implicitamente pelos interessados e tornam possível o consenso que serve de base para o agir comum.

Habermas defende a racionalização do agir orientado para o acordo, no qual o sujeito, por meio de suas ações, exterioriza de modo verídico suas intenções, reflete sobre os conflitos e visa à regulamentação consensual deles com o estabelecimento de normas de convivência. Por isso, para a emergência do agir comunicativo é necessário um processo de aprendizagem fundado na reflexividade da identidade do Eu. O filósofo denomina de "identidade reflexiva" a consciência sobre como ocorrem os processos de formação de identidade individual e coletiva.

A identidade do Eu se forma na interação social, depende da competência interativa do sujeito e resulta da relação dialética entre interioridade e exterioridade, ou seja, depende da relação entre a interiorização de normas sociais e o desenvolvimento da autonomia do sujeito no tocante às coerções sociais. Os critérios que fundamentam a compreensão e o pensamento do sujeito dependem dessa relação.

O homem é um ser teleológico e social. Naquilo que ele se satisfaz está presente implícita ou explicitamente um horizonte de expectativas que apontam para a realização do Eu. Para se realizar, ele precisa de um contexto de interação social, de uma convivência que não frustre suas expectativas – que, muitas vezes, podem não ser conscientes. Por isso, a identidade individual depende da existência de um grupo humano estável, com uma identidade coletiva que não inviabilize as perspectivas individuais de futuro, já que estamos falando de sociedades nas quais o processo de individuação se encontra em estágio avançado. Ou seja, não é possível a realização de uma expectativa implícita em uma identidade do Eu sem a existência de um "nós", que conforma as circunstâncias e o universo das possibilidades de cada membro da coletividade. O ser social se desenvolve concomitantemente ao conhecimento, à linguagem que permite a comunicação e à ação que leva à interação. O sujeito se desenvolve ao se delimitar por normas sociais de convivência e ao estabelecer relações de troca intersubjetiva por meio da linguagem.

Ao compor o mundo externo, o Eu se forma por meio da distinção entre subjetividade e exterioridade. O indivíduo só existe no grupo. Por isso, a identidade do Eu, que passa a existir quando seu sistema de delimitações torna-se reflexivo, depende da existência de um grupo que se define como totalidade exclusiva para seus membros e lhe garante continuidade além da biografia individual. A identidade coletiva garante a continuidade no tempo com a sucessão de gerações. Permite o reconhecimento a seus membros e regula a participação deles na sociedade por meio de um sistema de valores fundamentais e consensuais para o grupo. No mundo contemporâneo, construção das identidades depende de um processo ininterrupto de aprendizagem de normas e valores e da capacidade de reflexão que os agentes passam a desenvolver para a vida em sociedade.

No que diz respeito à programação de um currículo escolar, Habermas considera que, na contemporaneidade, os currículos escolares devem atentar para essa necessidade de reflexividade, em vez de serem baseados em conhecimentos legitimados pelo costume e pela tradição. Assim, a educação escolar deverá contar com uma programação curricular que tenha como pressuposto a necessidade do diálogo baseado na argumentação livre e na reflexividade estabelecida entre educadores, educandos e seus familiares. Ou seja, é necessária uma relação intersubjetiva entre os agentes do processo educativo, pautada na argumentação e na reflexão sobre valores e objetivos a serem alcançados, que leve à formulação de um consenso sobre o currículo a ser adotado (Habermas, 1983: 102).

Apenas por meio das ações comunicativas é que poderemos realizar os intentos educacionais de reprodução da cultura, da vida social e das identidades reflexivas dos membros da sociedade. O agir comunicativo pode proporcionar aos pais e professores a educação das novas gerações pela busca do consenso e das soluções dialogadas e pacíficas para os conflitos.

Por meio da ação comunicativa na educação pode ser realizada uma crítica das relações sociais que levam à construção de currículos baseados nas imposições dos agentes que se encontram nas posições dominantes na instituição escolar. A partir dessa crítica pode ser realizada uma avaliação sobre os problemas da educação nas sociedades contemporâneas, provocados pela ausência da busca do consenso e do entendimento, uma vez que se baseiam em procedimentos coercitivos que visam à dominação.

TEXTO COMPLEMENTAR

O CONCEITO DE AÇÃO COMUNICATIVA COMO REFERENCIAL CRÍTICO-NORMATIVO DA EDUCAÇÃO

Foi a partir das correspondências estruturais entre os atos de fala comunicativos e o mundo da vida que chegamos à conclusão que cultura, sociedade e personalidade têm, nas ações do tipo comunicativo, o seu meio de reprodução. Ora, se pudermos mostrar ou se concordarmos que as tarefas gerais dos processos educativos se colocam no âmbito da reprodução da cultura, da sociedade e da personalidade, então a pertinência do conceito de ação comunicativa para a educação é uma decorrência óbvia. Vemos numa afirmação do próprio Habermas uma indicação nesse sentido:

> Quando os pais querem educar os seus filhos, quando as gerações que vivem hoje querem se apropriar do saber transmitido pelas gerações passadas, quando os indivíduos e os grupos querem cooperar entre si, isto é, viver pacificamente com o mínimo de emprego de força, são obrigados a agir comunicativamente. (Habermas, 1993: 105).

As situações mencionadas por Habermas correspondem, em nosso ver, às três grandes tarefas educativas: formação de identidades pessoais (educação dos filhos), a reprodução cultural (apropriação de saberes) e a integração social (cooperação). Evidentemente que essas tarefas são realizadas pela sociedade com um todo e, por isso, transcendem o domínio da educação formal. Mas o sistema de ação que é a escola, embora especializado na reprodução cultural, também preenche funções relativas à integração social e à socialização, já que o meio linguístico estabelece uma relação com a totalidade do mundo da vida. Assim, podemos dizer que é no horizonte dessa tríplice tarefa que a escola, "instituição fundamental da esfera do agir comunicativo", que se encontra o sentido exato de suas contribuições a dar e de suas finalidades a perseguir.

(BOUFLEUER, José Pedro. *Pedagogia da ação comunicativa*: uma leitura de Habermas. Ijuí: Editora Unijuí, 1998, pp. 53-5.)

Questões propostas

1. Como o pensamento de Habermas pode inspirar a formulação de problemas que orientem uma pesquisa educacional?
2. Que críticas podemos fazer às instituições escolares com base na teoria da ação comunicativa de Habermas?

A "Nova Sociologia da Educação"

No início da década de 1970 uma abordagem de orientação crítica ganhou espaço na pesquisa educacional na Inglaterra, recebendo o nome de "Nova Sociologia da Educação" (NSE), termo que viria a ser criado em 1973, segundo um de seus expoentes, Michael Young (2000: 63), para a reafirmação de uma concepção do currículo e da prática pedagógica como processos sociais em construção. Nas décadas seguintes, os trabalhos teóricos com a nova abordagem chegaram aos Estados Unidos e também ao Brasil, entre outros países.

Um novo programa de pesquisas em educação

Para entendermos as contribuições que a Nova Sociologia da Educação proporcionou para a pesquisa educacional, é preciso recordar que, em suas origens na Grã-Bretanha, a nova abordagem visava se contrapor à tradição consolidada de pesquisas baseadas em enquetes para obtenção de dados para tratamento estatístico e descritivo. Realizadas no âmbito da London School of Economics, na década de 1950, quase sempre para atender às demandas governamentais na Grã-Bretanha, tais enquetes procuravam informações sobre o desempenho dos alunos e a produtividade do sistema educacional com o propósito de formar a mão de obra necessária ao crescimento econômico.

A Nova Sociologia da Educação propõe um novo programa, introduzindo novas preocupações teóricas e políticas na pesquisa educacional, para investigar o complexo processo em que a estruturação de uma sociedade – com desigualdades entre as classes sociais e entre os dominantes do poder político e os dominados – influencia e é influenciada pela organização dos currículos, consideradas a seleção e legitimação dos saberes e as relações e práticas dos agentes no processo escolar.

Segundo Young (2000: 67), "'a Nova Sociologia da Educação' foi associada tanto à crítica do currículo acadêmico como método de dominação quanto ao apoio a tipos não hierárquicos de pedagogia, ao aprendizado centrado no estudante, em vez de centrado nas matérias, e à derrubada das barreiras entre o saber escolar e o não escolar".

Outro ator envolvido na origem da nova abordagem, o britânico Basil Bernstein (1924-2000), pesquisava de forma interdisciplinar entre a sociologia da educação e a sociolinguística, considerando o sistema educativo um sistema simbólico de produção de formas de coerção visando à reprodução da dominação em uma sociedade. Para Bernstein, a educação escolar é uma dimensão da estrutura social que viabiliza o condicionamento das práticas linguísticas e da experiência social. A abordagem da educação promovida por Bernstein enfocava criticamente as desigualdades engendradas pelo sistema educacional a partir da pesquisa sobre a linguagem e a competência comunicativa, levando em consideração que a estruturação dos conteúdos cognitivos e estratégias de ensino e avalição presentes nos currículos expressam a correlação de forças entre as diferentes classes sociais existentes em uma sociedade. Dessa forma, os grupos que controlam os poderes institucionais utilizam-se dos currículos para o estabelecimento e a manutenção do controle sobre os indivíduos.

Para o professor Jean-Claude Forquin, essa síntese das concepções de Bernstein pode ser considerada uma das hipóteses centrais que orientam as pesquisas da "Nova Sociologia da Educação", e avalia que "o que caracteriza propriamente a abordagem da 'nova sociologia' é este novo olhar 'crítico' e 'desconstrutor' que ela põe sobre os saberes e sobre os conteúdos simbólicos veiculados pelo currículo" (Forquin, 1993: 77). Foi após a conferência anual da British Sociological Association, ocorrida em Durham, em 1970, que a nova perspectiva teórica para os estudos educacionais passou a ser conhecida, graças aos trabalhos que pesquisadores como Basil Bernstein, Michael F. D. Young e Pierre Bourdieu publicaram. Esses trabalhos constituem uma expressão da abertura dos autores para uma gama variada de influências teóricas e metodológicas, abertura esta considerada por muitos um ecletismo que se expressa em pesquisas orientadas por referenciais que vão do marxismo ao interacionismo simbólico e à fenomenologia, passando pela adoção de algumas teses de Durkheim e de Weber em vários estudos.

Expectativas dos professores e desempenho dos estudantes

A Nova Sociologia da Educação se constituiu aos poucos como uma corrente intelectual aberta à reflexão crítica sobre si mesma, o que propicia aos autores e estudiosos da área uma capacidade de transformação constante em direção a novas sistematizações teóricas e abordagens dos problemas empíricos suscitados pela relação entre os currículos e os processos educativos efetivos. O currículo abordado como um conjunto de relações sociais possibilita que seja investigado até que ponto as representações dos professores a respeito dos estudantes condicionam o seu desempenho escolar.

Várias pesquisas foram realizadas para a investigação da hipótese de que, nos processos de interação entre professores e alunos, os procedimentos de aprendizagem são influenciados pelos preconceitos dos primeiros. Atuando talvez inconscientemente sobre os alunos, segundo parâmetros preconceituosos, os professores desenvolvem práticas pedagógicas que podem subestimar ou, em alguns casos, superestimar as potencialidades dos educandos.

A Nova Sociologia da Educação desenvolveu uma atenção especial sobre um outro aspecto relevante das relações sociais que são estabelecidas através dos currículos, que é a chamada estratificação social dos conteúdos. Segundo esse mecanismo, pode ocorrer na prática educativa uma diferenciação quanto ao repertório de conhecimentos a serem tratados com os estudantes, reservando-se os saberes mais teóricos e universais para os estudantes considerados mais preparados. Os alunos classificados de maneira preconceituosa como mais "fracos" recebem também uma mensagem pedagógica mais simplificada e próxima de sua vivência.

Como nos ensina Forquin (1993: 118),

> a Nova Sociologia da Educação não constitui, com efeito, nem um conjunto monolítico, nem uma configuração imutável, mas, ao contrário, uma corrente de pensamento amplamente aberta às influências exteriores [...] e capaz de reconceitualizações internas suficientemente profundas para que, de modo precoce, seus caracteres originais se alterem, suas fronteiras se confundam.

Entretanto, se algumas de suas concepções centrais forem transformadas em fontes para a elaboração de problemas e hipóteses de investigação, podem contribuir para a realização de pesquisas educacionais críticas, reflexivas e politicamente engajadas.

Para a orientação das pesquisas educacionais, podemos aprender com a Nova Sociologia da Educação a investigar como os processos "de seleção e de exclusão do conhecimento, tanto na sala de aula quanto na sociedade mais ampla" (Young, 2000: 69), podem se constituir em chave para a compreensão das desigualdades educacionais, e como estas influem na manutenção das desigualdades de poder e de riqueza em sociedades contemporâneas.

Segundo o balanço que Young realiza sobre as contribuições da "Nova Sociologia da Educação" para a pesquisa educacional, é preciso tomar os currículos escolares como temática central a ser investigada. Isso tornou evidente a necessidade de novas explicações para o desempenho problemático dos filhos das camadas populares na educação escolar. As razões encontradas pela "Nova Sociologia da Educação" para o fracasso escolar envolviam uma crítica severa aos tipos de seleção e exame próprios dos currículos acadêmicos tradicionais, que visavam muito mais à manutenção de privilégios do que uma formação educacional adequada para todos os alunos. Também foram responsabilizadas pela legitimação da dominação social e da exclusão das camadas populares a forma disciplinar e disciplinada de estudos estanques e hierarquizados promovidos pela educação escolar e a valorização das manifestações culturais das camadas sociais dominantes, com a consequente desvalorização das culturas populares.

Texto complementar

A "Nova Sociologia da Educação" (NSE) e o currículo

O aspecto mais distintivo da "Nova Sociologia da Educação" foi o fato de concentrar-se no currículo escolar e, como indiquei anteriormente, isso foi o que causou maior nervosismo em seus críticos. O foco no currículo nasceu diretamente da busca de uma explicação alternativa para o fracasso escolar da classe operária em relação à explicação fornecida pela sociologia da educação mais antiga; esta desenvolvera o conceito de educabilidade, que reunia uma série de fatores causais nos históricos culturais dos estudantes da classe operária com baixo desempenho. Em suas formas mais simplistas, o conceito de educabilidade oferecia soluções de (a) expansão e (b) compensação para desvantagens culturais, como se a forma cultural de preparação educacional não desempenhasse nenhum papel. Em oposição direta a essa abordagem, "a Nova Sociologia da Educação" concentrava-se diretamente nos aspectos seletivos do currículo acadêmico como uma fonte maior de distribuição desigual da educação.

Gostaria de resumir as três debilidades que, na minha opinião, contribuíram para o fracasso da "Nova Sociologia da Educação" em realizar as esperanças que alguns de nós tínhamos em relação a ela ou os receios de outros. Em primeiro lugar, ela carecia de uma análise política do papel do trabalho acadêmico na educação. Isso fez com que tendesse a dar uma ênfase excessiva a disputas interiores à disciplina e a não conseguir estabelecer vínculos com outros pesquisadores pedagógicos, com os quais ela diferia no que diz respeito a métodos e até mesmo teoria, mas não no que diz respeito a valores e objetivos. Também tendeu a dar uma ênfase excessiva à importância da contribuição da pesquisa educacional para a mudança educacional; assim, ironicamente, a "Nova Sociologia da Educação" acabou numa posição semelhante à dos que defendiam a independência da pesquisa educacional em relação à política e à prática. Em segundo lugar, ao ressaltar como o currículo perpetuava as desigualdades educacionais no processo de exclusão acadêmica e ao desdenhar o papel das estruturas organizacionais, ela proporcionou uma autonomia enganosa aos professores como agentes de mudança curricular e desdenhou os vínculos entre a base de classe social do saber curricular e a base de classe social da seleção dos alunos. Em terceiro lugar, ao fracassar em distinguir o poder ideológico dos currículos na legitimação da seleção e da exclusão e seu poder cultural de dar acesso a ideias poderosas, ela não tinha critérios para desenvolver e avaliar alternativas curriculares.

(YOUNG, Michael. *O currículo do futuro*: da "Nova Sociologia da Educação" a uma teoria crítica do aprendizado. Campinas: Papirus, 2000, pp. 71-2.)

Questões propostas

1. Quais são as principais contribuições da Nova Sociologia da Educação para a pesquisa educacional?
2. Explique e comente o balanço que Michael Young realiza sobre a Nova Sociologia da Educação.

Estudos Culturais, Pós-colonialismo e educação

Uma área transdisciplinar de pesquisa e intervenção política nasceu na Inglaterra na década de 1960, com a fundação do Centre for Contemporary Cultural Studies (Centro de Estudos Culturais Contemporâneos) da Universidade de Birmingham, com base nos trabalhos de Richard Hoggart, Raymond Williams, Edward P. Thompson e Stuart Hall, entre outros pesquisadores. Nos Estados Unidos, ocorreu também a emergência de várias vertentes do pensamento pós-colonial, influenciadas pela obra *Orientalismo: o Oriente como invenção do Ocidente,* publicada em 1978, de autoria do palestino Edward Said, professor na Universidade de Colúmbia, Nova York, dando origem a uma área de conhecimento orientada pela hipótese de que entre as diferentes culturas existem relações de poder e dominação que devem ser questionadas.

Ocupando muitas vezes as fronteiras entre as disciplinas acadêmicas tradicionais, os Estudos Culturais viabilizam análises teóricas e pesquisas empíricas sobre a educação e a cultura que se processam também como intervenções políticas em defesa das camadas sociais subalternas, denunciando as desigualdades de acesso aos bens culturais bem como os processos de construção identitária.

A superação do olhar colonizador na prática educativa

Inspirados pelos Estudos Culturais, podemos pesquisar e debater sobre os conteúdos cognitivos e políticos dos currículos, visando tornar a educação baseada no respeito à diversidade e à diferença. Para tanto, de início é necessário o questionamento das reivindicações de universalidade das manifestações culturais europeias e das narrativas e demais produções intelectuais eurocêntricas dominantes na universidade brasileira, incluindo os processos formativos dos professores nos cursos de Licenciatura e na parte mais representativa dos programas de pós-graduação desenvolvidos no país.

Os Estudos Culturais propõem uma abordagem política dos processos educativos que parta da análise crítica, mas que busque explicitamente a transformação social. Para tanto, é necessário questionarmos a maneira como a universidade serve às classes dominantes. Apresentando os conhecimentos que produz como neutros, científicos e racionais, a universidade legitima aqueles saberes e competências administrativas que servem à dominação. Mas a própria existência dos Estudos Culturais demonstra que a universidade é também um espaço de oposição à sociedade dominante, no qual é possível combinar a crítica com um discurso que aponte possibilidades de superação das relações sociais existentes.

Como escreveu o professor e pesquisador educacional Tomaz Tadeu da Silva (2002), várias questões colocadas pelos Estudos Culturais desafiam a pesquisa e a prática educacionais nos países que nasceram como colônias europeias, como o Brasil.

- Em que medida a educação escolar e os currículos não estão comprometidos com a herança colônia, possibilitando, assim, a manutenção do preconceito e da discriminação étnica e racial contra os negros e índios e contra os resultados de uma cultura híbrida que não se afina com as expectativas eurocêntricas?
- Em que medida a noção de raça, forjada nos séculos XVIII e XIX pelo pensamento europeu, continua influindo na formação das identidades de alunos e educadores?
- Como os materiais didáticos, as narrativas literárias e os textos científicos e filosóficos continuam celebrando a soberania do sujeito imperial europeu?

- Como as subjetividades de alunos e educadores de diferentes grupos étnicos e raciais são influenciadas pelos padrões culturais europeus?
- Como tornar a escola um espaço de convivência democrática entre os diferentes segmentos étnicos e raciais da sociedade brasileira?

Um dos pressupostos do pensamento europeu é sua realização por meio das oposições binárias que legitimam as relações de opressão, dominação e exclusão do outro. O pensamento binário se define por uma hierarquia entre dois polos, ou seja, não concebe a diferença sem hierarquização, estabelecendo como polo normativo e dominante as religiões cristãs e sua concepção de divino e de bem, complementadas por valores que mitificam a luz, a brancura, o lado direito, o masculino, como definidores de uma ordem que deve ser imposta aos praticantes das demais religiões, que representam o caos, a escuridão, a negrura, o lado esquerdo, o feminino, enfim, as pessoas sem poder nem propriedade.

Como superar tal polarização em nosso modo de raciocinar e admitir o diverso, diferente, múltiplo, complexo, heterogêneo? Na representação colonialista do outro, a diferença em relação ao europeu é classificada no polo negativo da oposição binária e por isso é reprimida e marginalizada. Como escreveu Giroux (1999: 23), "o outro é subjugado ou eliminado na violência das oposições binárias".

Na ação educativa restringimos nossos juízos às maneiras de pensar permitidas pelas oposições como mente ou corpo, teórico ou empírico, inteligível ou obscuro, consistente ou inconsistente, certo ou errado, bonito ou feio, aluno bom ou aluno ruim, decente ou indecente etc. Raciocinamos de maneira dicotômica e assim perdemos a capacidade de captar a diversidade do real nas representações que elaboramos sobre "nós" próprios, professores, e sobre os alunos, seus pais e a comunidade externa à escola, transformados em "outros".

Em defesa da educação crítica e democrática

Uma escola democrática se constitui com base em: desenvolvimento de consciências críticas quanto aos processos de imposição de culturas e visões de mundo; e convivência entre identidades culturais e sociais múltiplas. Para tanto, é necessário que sejam questionadas as relações de poder assimétricas e eliminadas as formas de "privilégio que beneficiam os homens, os brancos, a heterossexualidade e os donos de propriedades, mas também aquelas condições que têm impedido outras pessoas de falar em locais onde aqueles que são privilegiados em virtude do legado do poder colonial assumem a autoridade e as condições para a ação humana" (Giroux, 1999: 39).

Giroux, pensador educacional radicado nos Estados Unidos, realizou seus trabalhos teóricos e de intervenção política na área educacional fortemente influenciado pela chamada Escola de Frankfurt, mais particularmente pelo pensamento de Habermas, propondo uma combinação entre a crítica e a busca de novas possibilidades, de modo que os agentes se tornem autônomos em relação às estruturas coercitivas das instituições e às estruturas sociais. Nas análises sociológicas e concepções pedagógicas de Giroux, Tomaz Tadeu da Silva identifica, em sua concepção de currículo, os conceitos de "esfera pública", "intelectual transformador" e "voz". O primeiro conceito, "esfera pública", é uma influência do pensamento de Habermas assimilada por Giroux, quando defende que as relações entre os agentes do espaço escolar devem se pautar pela democracia na procura pelo consenso por meio do diálogo, capacitando assim a todos para o exercício da democracia e da participação política. Uma segunda influência muito forte sobre o pensamento de Giroux é a noção de "intelectual orgânico" de Gramsci, que o inspira a propor que os professores assumam a postura de "intelectuais transformadores", e não a de funcionários de uma organização burocrática. Por último, Giroux defende o direito de os agentes dos processos educativos exercitarem a "voz", para que livremente possam expressar os seus valores e interesses (Silva, 2002: 54-5).

Devemos construir uma ética política de respeito às diferenças nas relações sociais dentro e fora da escola, sem preconceitos depreciativos, estereótipos negativos e sem discriminação de ninguém. O respeito à diferença se torna estratégico se tivermos como objetivo a democratização da vida social e do direito de participação política.

A obra de Giroux representa uma recuperação da importância do pensamento crítico e da intervenção política nas esferas educativa e cultural, redimensionando a pedagogia como um instrumento para a luta contra as formas de dominação e exclusão do "outro", com base em sua "raça", classe, gênero ou orientação sexual.

Em termos políticos, é necessário que utilizemos a escola como um local de luta contra a hegemonia cultural dos grupos sociais dominantes e como um local de expressão cultural e agregação política dos grupos subalternos. Ou seja, a escola pública pode ser um local de formação de uma unidade entre as camadas populares constituídas por grupos discriminados pela economia competitiva capitalista e pelos valores eurocêntricos. Mas essa ideia não pode ser uma diretriz puramente teórica, uma vez que só trará bons resultados pedagógicos e políticos se na prática cotidiana da educação escolar os membros dos grupos subalternos se sentirem respeitados e contemplados nos seus interesses e valores.

Pós-colonialismo e educação

Um problema que se apresenta quando discutimos a formação de professores críticos em relação ao eurocentrismo é que algumas modalidades de conhecimento, autores e obras denominados "clássicos" já chegam às instituições universitárias brasileiras legitimados apenas porque pertencem a um conjunto de saberes que comporiam aquilo que contemporaneamente vem sendo tratado como o "cânone ocidental".

Podemos contestar, então, aquelas concepções e práticas europeias que reivindicam para si o fato de serem consideradas "universais". Para o professor e crítico literário palestino Edward Said (1990: 19), "o principal componente na cultural europeia é precisamente o que torna essa cultura hegemônica tanto na Europa quanto fora dela: a ideia da identidade europeia como sendo superior em comparação com todos os povos e culturas não europeus". Às vezes, sem perceber tendemos a pensar que uma peça de teatro, um romance ou um poema de um autor europeu merece ser classificado como "universal", enquanto as obras de arte enraizadas na vida de comunidades não europeias são classificadas como regionais, nacionais ou étnicas.

Não se trata de discutirmos a qualidade e a relevância dos saberes de origem europeia, mas simplesmente a reivindicação de que sejam sempre universais e superiores em relação aos saberes criados pelos grupos humanos espalhados pelo planeta.

As ideias de "universalidade" e "supremacia" são utilizadas como uma violência simbólica exercida pelos dominantes sobre os dominados e dependem da aceitação pelos próprios colonizados de valores, concepções e práticas das civilizações europeias. A violência simbólica só se completa quando os próprios dominados se consideram inferiores e aceitam sua submissão aos poderes dominantes. É assim que se constrói a hegemonia das culturas e relações sociais capitalistas sobre os grupos subalternos compostos por mulheres, trabalhadores rurais, operários, índios e negros.

Não devemos, evidentemente, substituir a visão de mundo e as modalidades de conhecimento europeias pelas africanas. Seria trocar o eurocentrismo por um afrocentrismo. Para promovermos uma educação democrática que respeite as diferenças de cultura entre os agentes que se relacionam no sistema escolar, devemos imaginar soluções para os problemas educacionais e das comunidades locais que escapem aos parâmetros e às expectativas dos centros hegemônicos de poder e conhecimento. Assim, a crítica pós-colonial pode ser considerada um modo de questionamento teórico e prático das relações assimétricas que persistem entre ex-colonizadores e ex-colonizados, propondo em seu lugar o respeito às diferentes identidades.

Respeitar as diferenças é "expandir o potencial da vida humana e as possibilidades democráticas" (Giroux, 1999: 47). A educação livre do eurocentrismo é aquela em que as culturas das populações de todas as regiões do mundo não são vistas como primitivas, atrasadas, exóticas, ignorantes e inferiores. Além disso, o mesmo raciocínio vale para o tratamento dos povos e expressões culturais da Europa, pois, se passarmos a tratá-los como inferiores, estaremos apenas imitando a conduta deles em relação aos "outros".

Superar o eurocentrismo na educação, enfim, é realizar uma contestação das estruturas de poder, pensamento e ação, como o capitalismo, o racismo e o patriarcalismo, que oprimem inúmeras outras maneiras de expressão e de vida, para que possamos criar formas locais de convivência baseadas na autonomia das comunidades e escolas e na solidariedade que respeita as diferenças.

A tarefa dos educadores críticos é desafiar e transgredir conhecimentos e relações sociais propostas pelas instituições dominantes que concentram as posições de poder na sociedade. A filosofia, a literatura, a ciência e a teologia cristã foram difundidas em todo o mundo pelos povos europeus como se fossem as únicas formas de saber válidas. Seguindo a sugestão de Homi Bhabha (1998: 240), "é com aqueles que sofreram o sentenciamento da história – subjugação, dominação, diáspora, deslocamento – que aprendemos nossas lições mais duradouras de vida e pensamento".

A educação escolar, portanto, não pode ser a transmissão acrítica dos conhecimentos que o Estado e as demais instituições dominantes consideram legítimos, já que é também na escola que construímos a identidade individual e coletiva e queremos que estas estejam livres do peso das estruturas de poder para que nossa mente e nossa vida sejam descolonizadas.

O multiculturalismo na educação

As sociedades contemporâneas são heterogêneas, compostas por diferentes grupos humanos, interesses contrapostos, classes e identidades culturais em conflito. Vivemos em sociedades nas quais os diferentes estão quase permanentemente em contato. Os diferentes são obrigados ao encontro e à convivência. As ideias multiculturalistas discutem como podemos entender e até resolver os problemas gerados pela heterogeneidade cultural, política, religiosa, étnica, racial, comportamental, econômica, já que teremos de conviver de alguma maneira.

Stuart Hall (2003: 53) identifica pelo menos seis concepções diferentes de multiculturalismo na atualidade:

- Multiculturalismo conservador: os dominantes tentam assimilar as minorias diferentes às tradições e aos costumes da maioria.
- Multiculturalismo liberal: os diferentes devem ser integrados como iguais na sociedade dominante. A cidadania deve ser universal e igualitária, mas no domínio privado os diferentes podem adotar práticas culturais específicas.
- Multiculturalismo pluralista: os diferentes grupos devem viver separadamente, dentro de uma ordem política federativa.
- Multiculturalismo comercial: a diferença entre os indivíduos e grupos deve ser resolvida nas relações de mercado e no consumo privado, sem que sejam questionadas as desigualdades de poder e riqueza.
- Multiculturalismo corporativo (público ou privado): a diferença deve ser administrada, de modo que os interesses culturais e econômicos das minorias subalternas não incomodem os interesses dos dominantes.

- Multiculturalismo crítico: questiona a origem das diferenças, criticando a exclusão social, a exclusão política, as formas de privilégio e de hierarquia existentes nas sociedades contemporâneas. Apoia os movimentos de resistência e de rebelião dos dominados.

Os multiculturalismos nos ensinam que reconhecer a diferença é saber que existem indivíduos e grupos diferentes entre si, mas que possuem direitos correlatos, e que a convivência em uma sociedade democrática depende da aceitação da ideia de compormos uma totalidade social heterogênea na qual:

- Não poderá ocorrer a exclusão de nenhum elemento da totalidade;
- os conflitos de interesse e de valores deverão ser negociados pacificamente;
- a diferença deverá ser respeitada.

No espaço escolar se entrecruzam, se combinam, conflitam inúmeros sujeitos portadores de representações e práticas orientadas para a legitimação do existente, para sua resistência ou superação. Na instituição escolar, não só os valores sociais dominantes se impõem como nascem no próprio cotidiano escolar as representações individuais que podem manifestar a resistência, passiva ou ativa, contra as imposições oficiais, ou ainda a busca de realização de um projeto identitário autônomo. O Estado, portador de uma identidade modernizante e instrumental, atua sobre o sistema escolar e influi nas proposições curriculares, para difundir entre as classes populares a crença na mobilidade decorrente do mérito, gerando, com isso, uma competição por diplomas cada vez mais exigidos, ao mesmo tempo que se tornam insuficientes para a garantia de uma posição estável no mercado de trabalho. Instaurada a crise gerada pelo choque entre as esperanças das camadas populares e a realidade de um mercado de trabalho cada vez mais restrito, abre-se a perspectiva de que os agentes que interagem no cotidiano escolar encontrem maneiras de resistir ao seu abandono pela racionalidade estratégica dos poderes dominantes.

A política da identidade

Uma vertente interpretativa dos processos sociais contemporâneos que permite complementar a investigação dos problemas educacionais, no tocante a sua incidência na constituição das identidades dos agentes, está presente na sistematização teórica sobre o processo de formação identitária realizada por Castells (2000: 23), e indica que o processo de "construção de identidade vale-se da matéria-prima fornecida pela história, geografia, biologia, instituições produtivas e reprodutivas, pela memória coletiva e por fantasias pessoais, pelos aparatos de poder e revelações de cunho religioso".

Na intenção de diferenciar como e para que esses elementos heterogêneos interagem na constituição de uma coletividade, Castells concebe três formas e origens de conformação identitária. Em primeiro lugar, considera "legitimadora" aquela forma de identidade construída da contribuição de instituições dominantes da sociedade, como o Estado e a Igreja, desencadeando-se esse processo do alto da hierarquia social "no intuito de expandir e racionalizar sua dominação em relação aos autores sociais" (Castells, 2000: 24). "Identidade de resistência" seria uma alternativa de configuração identitária, "criada por atores que se encontram em posições/condições desvalorizadas e/ou estigmatizadas pela lógica da dominação, construindo, assim trincheiras de resistência e sobrevivência com base em princípios diferentes do que permeiam as instituições da sociedade, ou mesmo opostos a estes últimos" (Castells, 2000: 24). Há, ainda, a "identidade de projeto: quando os atores sociais, utilizando-se de qualquer tipo de material cultural ao seu alcance, constroem uma nova identidade capaz de redefinir sua posição na sociedade e, ao fazê-lo, de buscar a transformação de toda a estrutura social" (Castells, 2000: 24).

As reivindicações dos sujeitos, tendo em vista o reconhecimento de sua identidade, ajudam a entender melhor que as dessemelhanças entre os humanos não representam simplesmente um tipo de diversidade cultural. Muitos até aceitam celebrar a diversidade humana a distância, de preferência por intermédio da tela do computador, do cinema ou da televisão, pois cultivam uma concepção liberal de diversidade. Estão implícitos no cultivo dessa concepção liberal um não questionamento dos mecanismos sociais – como a propriedade –, dos mecanismos políticos – como a concentração do poder – e dos mecanismos culturais – como a educação escolar – ao lado de uma hierarquização dos indivíduos em superiores e dominantes e em inferiores e subalternos.

Na prática, vivemos em relação de intercâmbio econômico e cultural e não estamos apenas separados por uma diversidade neutra e bela, que pode ser contemplada desde que cada um saiba ocupar o seu lugar específico no espaço social. Os seres humanos são diferentes porque expressam diferentes identidades, ou seja, maneiras diferenciadas de ser, com necessidades e concepções diferentes sobre si mesmos e sobre quem são os outros. Conforme a visão de Homi Bhabha (1998: 97), a diferença cultural é uma categoria "oposta a noções relativistas de diversidade cultural ou ao exotismo da 'diversidade' de culturas".

O reconhecimento igualitário

De acordo com as lições do filósofo Charles Taylor (1994: 58), na ação educativa devemos sempre levar em consideração que não "dar um reconhecimento igualitário a alguém pode ser uma forma de opressão" e que "um indivíduo ou um grupo de pessoas podem sofrer um verdadeiro dano, uma autêntica deformação se a gente ou a sociedade que os rodeiam lhes mostram como reflexo uma imagem limitada, degradante, depreciada sobre ele".

Um falso reconhecimento é um modo de opressão, a exemplo daquela que, nas sociedades contemporâneas, vitima os portadores de deficiências e grupos subalternos, pobres, negros, prostituas, homossexuais. As representações construídas a respeito daquele que consideramos "o outro", muitas vezes provocam sofrimento e humilhação, principalmente porque tais representações depreciativas frequentemente são estabelecidas para a legitimação da exclusão social e política dos grupos discriminados. Como efeito mais perverso do processo discriminatório "a projeção sobre o outro de uma imagem inferior ou humilhante pode deformar e oprimir até o ponto em que essa imagem seja internalizada" (Taylor, 1994: 58).

Em outras palavras, ao considerarmos que os seres humanos dependem do reconhecimento que lhes é dado, estamos admitindo que sua identidade não é inata ou predeterminada. Isso nos torna mais críticos e reflexivos sobre a maneira como estamos construindo nossa identidade como educadores e, ao mesmo tempo, contribuindo para a formação da identidade dos alunos.

Porém, quando afirmamos que "todos os seres humanos são igualmente dignos de respeito", não significa que devemos deixar de considerar as inúmeras formas de diferenciação que existem entre indivíduos e grupos. Devemos viabilizar o apoio e os recursos necessários para que não haja assimetria ou desigualdade nas oportunidades e no acesso aos recursos. Como nos lembra Taylor (1994: 64): "Para aqueles que têm desvantagens ou mais necessidades é necessário que sejam destinados maiores recursos ou direitos do que para os demais".

A política do reconhecimento nos ensina, enfim, que é preciso admitir a diferença na relação com o outro. Isso quer dizer tolerar e conviver com aquele que não é como nós e não vive como vivemos, e que o nosso modo de ser não pode significar que o outro deva ter menos oportunidades, menos atenção e recursos.

Uma educação democrática é aquela em cuja definição de rumos podem participar todos os envolvidos, e não só os dirigentes, professores, acadêmicos e técnicos. Uma vez que a escola é um espaço público de convivência fora da vida privada, íntima e familiar, ao nos capacitarmos para a convivência participativa na escola integramos um processo de aprendizagem que também nos ensina a participar do restante da vida social. A escola, como esfera pública democrática, possibilita a capacitação de pais, alunos e educadores para compartilharem a busca de soluções para os problemas da escola, do bairro, da cidade, do estado, do país e da vida da espécie humana no planeta.

Para tanto, todos devem ter o direito de falar, opinar e participar nos processos decisórios. É participando que se aprende a participar. Uma escola pretensamente "perfeita", na qual ninguém precisa dar nenhuma opinião, é um desastre educativo. O problema é que o controle dos alunos, por meio da disciplina, e as ideias de ordem e organização muitas vezes tornam-se prioritários em detrimento do direito de participação.

Para que exista o respeito à diversidade e à diferença na escola, é necessário aceitarmos que as pessoas que nela interagem têm interesses, visões de mundo e culturas diferentes, e nenhum de nós tem o monopólio da verdade, da inteligência e da beleza. Assim, para que todos façam concessões e tenham ao menos parte dos seus interesses e valores contemplados no espaço público da escola, são imprescindíveis negociações permanentes.

Texto complementar

A necessidade dos Estudos Culturais

Para que os Estudos Culturais sejam informados por um projeto político que reserve um lugar central à análise crítica e à transformação social, eles terão que partir de um duplo reconhecimento. Primeiramente, é imperativo reconhecer que a universidade tem um conjunto particular de relações com a sociedade dominante. Estas relações não definem a universidade como um local de dominação nem como um local de liberdade. Em vez disso, a universidade, com relativa autonomia, funciona em grande parte para produzir e legitimar o conhecimento, as habilidades e as relações sociais que caracterizam as relações de poder dominantes na sociedade. As universidades, como outras instituições públicas, contêm pontos de resistência e luta, e é dentro destes espaços que existem condições ideológicas e materiais para produzir discursos e práticas de oposição. Tal reconhecimento não apenas politiza a universidade e sua relação com a sociedade dominante, mas também questiona a natureza política dos Estudos Culturais como esferas de análise crítica e como meio de transformação social. Isto nos leva ao segundo ponto.

Para que um projeto social seja radical, os Estudos Culturais devem desenvolver um discurso autorregulador: com isso queremos dizer um discurso que contenha uma linguagem da crítica e concomitante linguagem de possibilidade. No primeiro caso, ele deve desvelar os interesses historicamente específicos que estruturam as disciplinas acadêmicas, as relações entre as mesmas, e a maneira pela qual forma e conteúdo das disciplinas reproduzem e legitimam a cultura dominante. Esta é uma tarefa fundamental dos Estudos Culturais, pois, para que promovam um discurso e método de investigação de oposição, eles terão que incorporar interesses que afirmem mais do que neguem a importância normativa e política da história, ética e interação social.

O discurso dos Estudos Culturais deve resistir aos interesses contidos nas disciplinas e departamentos acadêmicos estabelecidos. Ele deve questionar as pretensões à verdade e os modos de inteligibilidade essenciais à defesa do *status quo* acadêmico em diversos departamentos e disciplinas. Igualmente importante, os Estudos Culturais devem indicar os interesses embutidos nas perguntas que não foram feitas dentro das disciplinas acadêmicas. Ele deve desenvolver métodos de pesquisa acerca da forma como as atuais ausências e silêncios estruturados que governam o ensino, o conhecimento e a administração dentro dos departamentos acadêmicos negam a ligação entre conhecimento e poder, reduzem a cultura a um objeto inquestionável de mestria e recusam-se a reconhecer o estilo de vida particular que o discurso acadêmico dominante ajuda a produzir e legitimar.

(GIROUX, Henry A. *Os professores como intelectuais*: rumo a uma pedagogia crítica da aprendizagem. Porto Alegre: Artes Médicas, 1997, pp. 191-2.)

Questões propostas

1. Por que podemos dizer que os Estudos Culturais representam uma forma de construção do conhecimento assumidamente política?
2. Como podemos justificar a relevância do multiculturalismo na educação?
3. Como os Estudos Culturais podem contribuir para a pesquisa educacional?

Bernard Lahire: Sociologia em escola individual e a educação

Bernard Lahire é professor e pesquisador da Escola Normal Superior de Letras e Ciências Humanas de Lyon, na França, e do Centre National de la Recherche Scientifique (CNRS), considerado uma das maiores instituições públicas de pesquisa do mundo, onde dirige o Grupo de Pesquisa sobre a Socialização.

Podemos considerar que as pesquisas que Lahire vem realizando em sociologia da educação são profundamente influenciadas pela sua formação como um intelectual de origem social popular e vivência entre os trabalhadores da cidade de Lyon. Desde os seus primeiros trabalhos, o autor investiga sociologicamente as razões do chamado "fracasso" escolar de estudantes reprovados e evadidos do sistema escolar e também os casos de "sucesso" escolar daqueles estudantes que, apesar de viverem sob condições econômicas e sociais difíceis, se tornam bem-sucedidos em seus percursos escolares. Nascido em 1963, o próprio Lahire se considera "um caso de trânsfuga de classe pela via escolar", por ter sido um "bom aluno" cuja família contava com pouca escolarização. Sua mãe frequentou a escola apenas por alguns anos e o pai realizou um curso profissionalizante de "ajustador mecânico".

Essa reflexão que Lahire realiza a respeito da própria trajetória é muito parecida com a sua análise sobre as razões do sucesso escolar dos estudantes que vivem em condições difíceis. Para compreendermos essa obra teórica e investigativa que influencia internacionalmente as pesquisas na sociologia da educação e da cultura, podemos adotar como ponto de partida o estudo daqueles aspectos que o autor considera fundamentais em seu próprio percurso escolar, como, por exemplo,

> [...] a relação responsável e preocupada que a minha mãe alimentava com a escola, e a vida ascética dos meus pais; é necessário também evocar o divórcio dos meus pais e a vida familiar sem o meu pai desde os meus 13 anos (o que representou aliás, objetivamente, uma oportunidade no meu percurso), ou ainda a importância de um professor de francês no liceu, comunista renovador e marxista muito culto, que se tinha apercebido de que eu projetava nas leituras de textos literários uma certa urgência e necessidade em compreender o mundo. E para compreender a minha relação contrariada com a universidade e com as instituições, seria necessário descrever a relação de temor, de resistência passiva e de fúria face a um pai particularmente autoritário e atemorizante, assim como as experiências de ruptura com a Igreja católica de uma mãe irritada com determinados comportamentos do padre da paróquia. (Lahire, 2012b: 196-7)

As diferenças nos processos de escolarização nos meios populares

A realização da pesquisa, que resultou no livro *Sucesso escolar nos meios populares*, de Bernard Lahire (1997), transformou em um problema sociológico um paradoxo que muitas vezes observamos quando comparamos os processos educacionais de estudantes oriundos de famílias com diferentes condições socioeconômicas e educacionais: "famílias não totalmente 'desprovidas de recursos', sobretudo do ponto de vista do capital escolar, possuem filhos com enormes dificuldades escolares, ao passo que outras, cujas características objetivas levariam a pensar que a escolaridade dos filhos poderia ser custosa, possuem crianças com boa e mesmo muito boa situação escolar" (Lahire, 1997: 11).

O título da edição brasileira, *O sucesso escolar nos meios populares*, representa apenas um dos aspectos do problema abordado nessa obra, uma vez que o título original em francês, *Tableaux de familles: heurs et malheurs scolaires en milieux populaires*, de 1995, em uma tradução mais literal aborda tanto o "sucesso", quanto o "fracasso", ou seja, tanto a "sorte ou a felicidade", quanto a "infelicidade e a desgraça" no desempenho escolar dos estudantes nos meios populares de um bairro periférico da cidade de Lyon, França – que conta também com a presença de um número grande de famílias descendentes de imigrantes com "capital escolar fraco" e condição material difícil.

Em sua pesquisa, o autor selecionou um grupo de 27 crianças com idade aproximada de 8 anos (e que se encontravam na série correspondente à segunda série do ensino fundamental brasileiro); 13 estudantes que apresentaram um bom desempenho ou "sucesso" em uma avaliação aplicada nacionalmente na França (8 meninas e 5 meninos), e 14 estudantes que obtiveram notas mais baixas no mesmo exame (5 meninas e 9 meninos), representando, por sua vez, uma situação de "fracasso" escolar. Os estudantes da 2ª série considerados com "êxito" ou "sucesso" na avaliação nacional alcançaram a média geral em Francês e Matemática superior à nota 6. Já os estudantes que foram malsucedidos na mesma avaliação, com um desempenho considerado como "fracasso", alcançaram uma média inferior à nota 4,5.

Para fazer essa classificação dos dois grupos de estudantes e realizar a sua pesquisa, Lahire também levou em consideração as entrevistas realizadas com as famílias das crianças, com 7 professores e 4 diretores de escola, além da realização de observações etnográficas, análises de documentos escolares, fichas, cadernos, avaliações etc.

Para os professores e mesmo para os familiares e responsáveis, é muito difícil compreender por que estudantes que não contam com condições de vida e de estudo adequados podem apresentar bons resultados nos seus processos de aprendizagem.

A pesquisa realizada por Lahire pode ser interpretada como um contraponto à investigação realizada por Pierre Bourdieu, que dirigiu sua abordagem sociológica da educação para investigar os mecanismos objetivos e práticos que operam dentro da escola e que resultam na exclusão das crianças com origem social mais modesta no sistema de ensino francês. Por outro lado, as instituições universitárias daquele país empregam formas de exames e provas que favorecessem o ingresso, a permanência e o sucesso escolar dos jovens das classes mais abastadas, por meio de uma forma de recrutamento seletiva, que beneficiava os estudantes dotados de maior capital cultural transmitido pelas suas famílias. Na realidade, escreve Bourdieu, "cada família transmite a seus filhos, mais por vias indiretas que diretas, certo capital cultural e certo *ethos*, sistema de valores implícitos e profundamente interiorizados, que contribui para definir, entre outras coisas, as atitudes face ao capital cultural e à instituição escolar" (Bourdieu, 1998: 41-2).

Com uma perspectiva analítica complementar às pesquisas realizadas por Bourdieu e Passeron na década de 1960, Bernard Lahire se propõe a pesquisar as razões que explicariam por que mesmo sem contar com uma quantidade considerável de capital cultural nos seus ambientes familiares, as crianças pesquisadas conseguiam alcançar bons resultados escolares.

Ao tratar do desempenho escolar, leva em consideração todo o processo de socialização vivenciado pelas crianças, envolvendo não apenas as circunstâncias passadas da formação de cada indivíduo, mas também suas relações sociais estabelecidas no cotidiano com os familiares, colegas, professores, pessoas conhecidas etc. Lahire busca compreender os resultados escolares de cada estudante selecionado para a sua pesquisa, relacionando esses resultados com aqueles alcançados pelos demais estudantes. A ideia que orienta essa abordagem é que as características de cada ser humano, como traços da personalidade e o comportamento, por exemplo, só podem ser compreendidas se forem relacionadas com as suas relações com os outros seres humanos: "só podemos compreender os resultados e os comportamentos escolares da criança se reconstruirmos a rede de interdependências familiares através da qual ela constituiu seus esquemas de percepção, de julgamento, de avaliação, e a maneira pela qual estes esquemas podem 'reagir' quando 'funcionam' em formas escolares de relações sociais" (Lahire, 1997: 19).

Em termos práticos, os resultados escolares de cada criança expressam a maneira como ela chegou à escola já previamente preparada para as relações sociais no meio escolar. As suas experiências anteriores, ou seja, as suas relações com os familiares e responsáveis, preparam cada estudante para a convivência na escola, ambiente de relações sociais que demandam de cada um dos seus membros uma interiorização prévia das regras formais e tácitas de interação com professores e colegas, denominadas por Lahire como as "regras do jogo escolar (os tipos de orientação cognitiva, os tipos de práticas de linguagem, os tipos de comportamentos próprios da escola, as formas escolares de relações sociais" (Lahire, 1997: 19).

As crianças que atingem os resultados considerados inadequados, que são rotulados como "fracasso escolar", são aquelas que não possuem formação cultural, treinamento intelectual e comportamento que as tornam preparadas para que correspondam às exigências dos professores e da maneira como os currículos escolares são organizados. Em casa, esses mesmos estudantes com dificuldades não contam com a ajuda dos seus familiares na realização das tarefas escolares.

Na realização da pesquisa sobre os resultados considerados "fracasso" ou "sucesso" escolares, Lahire definiu um conjunto de condições prévias a serem investigadas, analisadas, interpretadas e comparadas entre si, e que não se encontram igualmente distribuídas no universo das famílias dos estudantes: mesmo as configurações familiares das crianças selecionadas para a pesquisa realizada pelo autor dispõem de a) acesso diferenciado à cultura escrita; b) apresentam diferentes condições econômicas; c) no interior da vivência familiar se diferenciam em relação aos valores morais que orientam a suas condutas; d) formas de autoridade familiar; e) maior ou menor valorização da educação escolar.

Para avaliar como os processos de socialização dos estudantes influenciam os resultados obtidos na educação escolar, nenhum fator pode ser considerado isoladamente. O desempenho escolar dos estudantes reflete uma combinação indeterminada e imprevisível entre a quantidade e a qualidade da escolaridade dos seus familiares e a renda familiar. Mas essas duas variáveis se combinam e modificam a sua influência sobre a educação das crianças segundo a presença ou ausência de outras variáveis, como, por exemplo, a quantidade de material de escrita no cotidiano familiar, o acesso e a participação em atividades culturais, a possibilidade de as crianças incorporarem atividades como o desenho, a leitura, a música e a dança ao lazer infantil.

Por outro lado, não é menos relevante o acesso e a seleção dos programas de televisão assistidos não só pelas crianças e adolescentes, mas também pelos seus familiares. O desempenho escolar também é influenciado quando as crianças convivem em um meio em que a argumentação racional é utilizada no cotidiano, principalmente através do emprego de uma linguagem considerada "culta" e próxima àquela empregada pelos professores, ao mesmo tempo em que os estudantes que possuem em suas moradias condições de realização do seu estudo com concentração, contando com equipamentos adequados e acesso a uma conexão de internet com qualidade, têm maiores possibilidades de desenvolverem hábitos de estudo autônomos. Por fim, os valores familiares em relação à educação escolar influenciam para que os estudantes, de forma consciente ou mesmo inconscientemente, estejam mais motivados ou desmotivados. Quando os familiares cultivam a esperança de bom desempenho do aluno na escola, ou seja, valorizam o seu "sucesso" escolar, existe uma possibilidade maior de que esse "sucesso" ocorra. Também não pode ser esquecida a importância da existência de exemplos de pessoas próximas bem-sucedidas no sistema escolar, e que representam um estímulo a mais para os estudantes também se dedicarem aos estudos. Em outras palavras, "a diversidade de configurações familiares em meios populares [...] explica, em grande parte, as diferenças do destino escolar de crianças que, no entanto, têm capital familiar inicial bastante semelhante" (Lahire, 2004: 321).

A sociologia da educação proposta por Lahire leva em consideração a grande heterogeneidade de condições sociais, econômicas e culturais existente nas famílias, bem como as formas de sociabilidade e de interação entre as crianças e os adultos, buscando colocar sob análise as situações reais vivenciadas pelos estudantes em seu cotidiano, uma vez que a simples consideração das condições objetivas refletidas em variáveis estatísticas não seria suficiente para a explicação e a compreensão dos diferentes resultados escolares obtidos pelos estudantes oriundos de meios sociais aparentemente tão semelhantes. Para Lahire (1997: 37), "é útil alternar o mais frequentemente possível abordagens estatísticas, mais abstratas, e abordagens que fixam e interligam as variáveis, os fatores em tecidos sociais específicos, em configurações sociais singulares".

Teoria sociológica e educação: a construção de uma sociologia em escala individual

A obra de Bernard Lahire se realiza ao mesmo tempo como uma teoria sociológica e de investigação empírica, com estas duas dimensões da pesquisa científica atualizando-se mutuamente. Por isso, pode-se afirmar que a sociologia da educação proposta pelo autor não deve ser analisada como um ramo especializado de uma sociologia geral, uma vez que a realização de pesquisas teóricas sobre os processos de socialização deve ser combinada com a investigação empírica sobre as matrizes e os modos de socialização no interior das famílias, na escola e na sociedade como um todo. Em suas pesquisas sobre a socialização, ele busca construir um arcabouço teórico que possibilite investigar como "um ser biológico é transformado, sob o efeito de múltiplas interações com outros indivíduos e com todo um mundo material oriundo da história que ele estabelece desde o seu nascimento, em um ser social adaptado a um universo sócio-histórico determinado" (Lahire, 2015: 1395).

Como teórico e pesquisador empírico, Lahire se mostra insatisfeito com os conceitos muito gerais e abstratos que não possibilitam a sua checagem investigativa. Mesmo sendo influenciado enormemente pela teoria social de Pierre Bourdieu, no seu entendimento as noções de *habitus* e *disposições*, por exemplo, necessitam de maiores desenvolvimentos e especificações para que possam se constituir como uma efetiva ferramenta de pesquisa. Por isso ele se propõe a tornar a noção de socialização mais bem definida e com uma precisão que possa ser operacionalizada como orientação da prática de pesquisa, como pudemos observar na análise que realizou sobre o "sucesso" e o "fracasso" escolar nos meios populares que discutimos anteriormente.

> Quando uma noção como a de socialização é mobilizada como um conceito científico, ela impõe que se conduzam estudos precisos de caso. Se nenhum método a priori está excluído em vista de reconstruir quadros, modalidades, tempos ou efeitos da socialização, a observação direta dos comportamentos e a entrevista longa, e até mesmo repetida, impõem-se bastante naturalmente como os meios mais adaptados ao objetivo visado. (Lahire, 2015: 1396)

Essa preocupação com um maior detalhamento do conteúdo de noções teóricas como socialização, *habitus* e disposições expressa a intenção mais abrangente da teoria sociológica em processo de construção por Bernard Lahire, que busca desenvolver uma "sociologia em escala individual" visando à compreensão do ser humano como um ser social e individualizado, através do estudo da "realidade social sob sua forma incorporada, interiorizada". O problema teórico ao qual se dedica parte de algumas indagações: "Como a realidade exterior, mais ou menos heterogênea, se faz corpo? Como experiências socializadoras múltiplas, podem elas (co)habitar (n)o mesmo corpo? Como tais experiências se instalam mais ou menos duradouramente em cada corpo e como intervêm elas nos diferentes momentos da vida social da biografia individual?". Cada ator singular se constrói como um indivíduo a partir de um complexo e heterogêneo e muitas vezes incoerente processo de socialização que torna cada ser humano individual um ser dotado de uma "pluralidade interna", tornando o "singular necessariamente plural", um "homem plural", como definiu Lahire (1998) em sua obra *L'homme pluriel: les ressorts de l'action.*

> É o interesse sociológico das variações interindividuais e intraindividuais que tento pôr em evidência há vários anos [...] no quadro de uma teoria da ação fundada numa sociologia da pluralidade disposicional (a socialização passada é mais ou menos heterogênea e dá lugar a disposições a agir e a crer heterogêneas e às vezes mesmo contraditórias) e contextual (os conceitos de atualização das disposições são variados). O que se abre aqui é o campo de uma sociologia que se esforça por não negligenciar as bases individuais do mundo social e estudar assim indivíduos que atravessam cenas, contextos, campos de forças, etc., diferentes. (Lahiere, 2003: 24-5)

Em sua teoria sociológica, portanto, Lahire se propõe a compreender a construção social dos atores sociais a partir da pesquisa sobre as suas origens, reconstituindo as condições sociais que possibilitaram a sua trajetória, com o levantamento das circunstâncias econômicas, culturais e escolares e a suas vivências. Para o autor, o estudo sobre os modos de socialização dos estudantes em seu ambiente familiar deve se constituir em um objetivo da Sociologia da Educação.

Uma crítica à hiperespecialização da pesquisa científica

Bernard Lahire considera que as ciências sociais contemporâneas passam por um processo de fragmentação dos seus trabalhos em razão dos recortes disciplinares que abordam aspectos específicos do mundo social como o econômico, o político, o psíquico, a língua, a arte, a religião etc., além das abordagens hiperespecializadas dentro de cada disciplina, como a Sociologia Rural, Antropologia Urbana, Sociologia da Educação etc.

Mesmo que os pesquisadores ganhem em precisão e rigor na delimitação do seu material empírico e no cotejamento de provas, correm o risco de apenas conhecerem os trabalhos dos outros pesquisadores da sua própria linha de pesquisa. Ou seja,

> [...] acabam perdendo o sentido das totalidades sociais e os vínculos de interdependência que existem entre as diferentes áreas da prática, e dividem o ator individual em improváveis e abstratos *homo oeconomicus, politicus, psychiatricus, linguisticus*, etc. Ao mesmo tempo eles se veem incapazes de fornecer aos leitores não especializados uma imagem clara da sociedade em que vivem. (Lahire, 2012a: 45; tradução dos autores)

Quando a Sociologia da Educação aborda a dimensão educativa da vida social ou especificamente a educação escolar, isso não quer dizer que os fenômenos sociais devam ser estudados como se estivessem desligados do mundo social considerado como uma totalidade. É necessário superar o desconhecimento sobre a interdependência dos fenômenos humanos e a ausência de uma visão de conjunto sobre a totalidade social.

Influenciado pela obra de Pierre Bourdieu, Bernard Lahire defende a necessidade da reunificação e superação da especialização excessiva das ciências sociais. Para ele, a divisão institucional entre as disciplinas pode se constituir em um obstáculo para a compreensão dos fenômenos sociais. Em outras palavras, a maneira como os temas e objetos de pesquisas é distribuída entre as diferentes disciplinas científicas pelos processos de organização dos cursos universitários origina alguns dos problemas teóricos que os pesquisadores devem se empenhar para solucionar. As divisões em especialidades, ou mesmo em subespecialidades, parecem particularmente fatais para a compreensão sociológica, uma vez que a "[...] divisão excessiva do trabalho científico cega mecanismos ou dispositivos transversais em relação aos campos da prática ou para esferas de atividade separadas pelo analista" (Lahire, 2012: 50).

Na avalição de Lahire, uma parte importante da sociologia da educação francesa conseguiu resistir a um fechamento disciplinar que subdivide a pesquisa educacional em ramos ainda mais especializados como a sociologia da escola, sociologia da cultura, sociologia da família, para investigar em que medida a aprendizagem pode ocorrer não apenas no interior da instituição escolar, estendendo-se a outros universos sociais como nas famílias, clubes sociais, instituições socioculturais, associações, empresas, sindicatos.

Texto complementar

Razões para o sucesso escolar nos meios populares

Podemos observar também que as famílias fracamente dotadas de capital escolar ou que não o possuem de forma alguma (caso de pais analfabetos) podem, no entanto, muito bem, através do diálogo ou através da reorganização dos papéis domésticos, atribuir um lugar simbólico (nos intercâmbios familiares) ou um lugar efetivo ao "escolar" ou à "criança letrada" no seio da configuração familiar. Assim, em algumas famílias, podemos encontrar, inicialmente, uma escuta atenta ou um questionamento interessado dos pais, demonstrando assim, para elas, que o que é feito na escola tem sentido e valor. Mesmo que os pais não compreendem tudo o que os filhos fazem na escola e como não têm vergonha de dizer que se sentem inferiores, eles os escutam, prestam atenção na vida escolar deles, interrogando-os, e indicam, através de inúmeros comportamentos cotidianos, o interesse e o valor que atribuem a essas experiências escolares. As conversas com pelo menos um membro da família possibilitam verbalizar uma experiência nova, não vivenciá-la sozinho, não carregar sozinho uma experiência diferente. Da mesma forma, quando pais analfabetos ou com dificuldades na escrita pedem progressivamente aos filhos escolarizados no curso primário que os ajudem a ler a correspondência, a explicar-lhes o conteúdo dela, a preencher as ordens de pagamento, a escrever bilhetes para a escola, a procurar números de telefones na lista, a acompanhar a escolaridade dos irmãos e irmãs, etc., podemos dizer que eles criam uma função familiar importante, ocupada pela criança, que, com isso, ganha em reconhecimento, em legitimidade familiar. Algumas configurações familiares demonstram, portanto, a integração simbólica do "escolar". Quando se está desprovido de qualquer meio de ajuda direta, esses procedimentos de legitimação familiar desempenha um papel central na possibilidade de uma "boa escolaridade" no curso primário".

(LAHIRE, Bernard. *O sucesso escolar nos meios populares*: as razões do improvável. São Paulo: Ática, 1997, pp. 343-4.)

QUESTÕES PROPOSTAS

1. Por que, segundo a pesquisa realizada por Bernard Lahire, os estudantes que contam com familiares ou responsáveis com pouca ou nenhuma escolarização, mesmo vivendo com condições econômicas desfavoráveis e semelhantes, apresentam resultados diferenciados quanto ao desempenho na educação escolar?
2. Quais as críticas que Bernard Lahire dirige à especialização disciplinar que considera exagerada nas pesquisas da área de Sociologia da Educação?

A QUESTÃO RACIAL NA EDUCAÇÃO ESCOLAR

Um dos problemas mais complexos da pesquisa educacional no Brasil diz respeitos às influências das relações raciais no cotidiano escolar e no desempenho dos estudantes classificados como negros e indígenas. Os preconceitos e as formas mais dissimuladas ou mais abertas e ostensivas de discriminação racial incidem consideravelmente sobre a educação escolar em nosso país.

Construído a partir de 2001, sob a direção da professora Nilda Alves, o GT 21 da Associação Nacional de Pós-Graduação e Pesquisa em Educação (ANPEd) – Educação e Relações Étnico-Raciais – vem incentivando e oportunizando a divulgação de uma concepção interdisciplinar de pesquisa educacional, promovendo o diálogo entre acadêmicos pesquisadores das ciências sociais, particularmente em linhas de pesquisas que combinam as abordagens da Sociologia, Antropologia, Psicologia, Filosofia e História para aprimorar um referencial teórico voltado para a investigação das influências das relações étnico-raciais e indígenas sobre a educação escolar no Brasil e intervir politicamente no debate sobre as políticas públicas educacionais.

A pesquisa educacional no Brasil não pode desconsiderar que a escola é um espaço público e, como tal, um direito de todos os brasileiros. Mas, embora seja um direito reconhecido constitucionalmente e formalizado na legislação educacional do país, não basta a presença física dos estudantes negros na escola para que se possa dizer que eles sejam respeitados e tratados com igualdade.

AS RELAÇÕES RACIAIS E A EDUCAÇÃO ESCOLAR

Nas últimas décadas, a ciência concluiu que a classificação dos seres humanos por raças deve ser cientificamente desacreditada. Entretanto, mesmo que uma realidade natural, próxima ao que é classificado como raça, não exista de fato, o termo "raça" pode ser considerado uma ficção que adquire força de realidade quando usado para classificar os seres humanos. Paradoxalmente, mesmo que os seres humanos não sejam divididos em raças biológicas, se um indivíduo ou população é tratado na prática como se fizesse parte de um grupo racial, essa forma de tratamento provoca consequências nas relações sociais e nas suas formas de viver, trabalhar e estudar, por exemplo.

É necessário explicitar que esse conceito, como é utilizado pelas ciências sociais, atualmente não se refere a uma essência natural, mas a uma classificação social utilizada para designar indivíduos e grupos sociais com base em algum critério arbitrário escolhido, como a aparência ou a cor da pele, por exemplo. O problema é que a classificação racial gera um tratamento diferenciado e negativo contra aqueles que são assim rotulados.

Na história do Brasil, desde a chegada dos colonizadores portugueses no século XVI e dos demais imigrantes europeus a partir do século XIX, as relações sociais foram fortemente marcadas pelo preconceito e pela intolerância em relação aos moradores naturais do lugar, denominados de maneira depreciativa como índios, e aos membros e descendentes dos grupos humanos do continente africano que aqui foram introduzidos como escravos negros. Para piorar o processo de formação cultural do novo país, inúmeros intelectuais brasileiros aderiram às teorias etnocêntricas e racistas europeias.

Depois da Segunda Guerra, dos fenômenos do nazismo e do fascismo, a discriminação fundada na classificação do *outro* como membro de uma raça ou etnia e transformada em uma maneira de pensamento que orientava a conduta humana ficou desmoralizada, passando a ser encarada como uma espécie de preconceito degenerado que poderia levar à crueldade sem limites. Mesmo assim, embora atualmente seja considerada deselegante e grosseira, além de crime previsto em lei, a discriminação étnica ou racial continua a existir. O racismo contra os negros, por exemplo, continua a existir entre os cidadãos brasileiros. Entre os ativistas dos movimentos políticos negros, já se convencionou chamar de "racismo à brasileira" a maneira preconceituosa e discriminatória de tratamento dispensada aos indivíduos classificados como negros no país. Aqueles que são "racistas à brasileira" concebem, no seu íntimo, a existência de raças superiores e inferiores e de uma hierarquia entre as raças, cada uma ocupando um lugar já estipulado na pirâmide social, com os brancos, é óbvio, no topo. E isso, evidentemente, sem conflitos nem animosidades; muito pelo contrário, os desiguais brancos, negros, índios e mestiços devem se tratar de maneira cordial, se possível com laços de afetividade e intimidade, tratamento este que permite até a negação da existência do racismo. É assim que se expressa o "racismo à brasileira", um racismo que até tem vergonha de ser assumido como tal, mas que não deixa de gerar a humilhação e a exploração dos negros. É muito difícil que, em qualquer das instâncias de poder e de prestígio levadas em conta hoje em dia, os negros não ocupem as posições subalternas que lhes são destinadas previamente.

Para pensarmos a respeito da afirmação anterior, podemos considerar os critérios de diferenciação social próprios das sociedades modernas, como renda, propriedade, escolarização, prestígio das ocupações, caráter manual ou intelectual do trabalho, forma e valor da remuneração, local de trabalho, posição na divisão social do trabalho, participação nas instâncias estatais de poder e estilo de vida, com maior ou menor acesso aos bens e aos serviços de consumo. Ao longo de toda a história da sociedade brasileira, vamos encontrar os indivíduos considerados negros como os mais suscetíveis de se alojarem nas piores posições.

Para que isso tenha ocorrido, alguns mecanismos de identificação, muitas vezes incorporados pelos próprios negros, foram desenvolvidos. Por exemplo, existe a ideia de que eles são bons no esporte, na dança, na música popular, na culinária; são fortes para os trabalhos braçais, ao mesmo tempo que são indisciplinados para aquelas atividades que exigem paciência, concentração, persistência, inteligência e racionalidade. Para o pensamento racista, estas últimas características são mais encontradas nos europeus e em seus descendentes considerados brancos.

Pesquisas educacionais já demonstraram que o racismo contra os alunos considerados negros interfere no desempenho escolar, como evidenciou um estudo realizado pelos professores Ângela Albernaz, Francisco Ferreira e Creso Franco (2002), da Pontifícia Universidade Católica (PUC) do Rio de Janeiro. Utilizando dados do Ministério da Educação, os pesquisadores concluíram que os alunos negros apresentam desempenho escolar menos satisfatório do que os alunos brancos que vivem nas mesmas condições sociais. Com base nas notas dos alunos no Sistema de Avaliação da Educação Básica (Saeb), os três professores citados compararam notas de alunos classificados como negros e brancos e perceberam uma diferença considerável no desempenho dos dois grupos nas mesmas escolas. A pesquisa coletou evidências de que ocorre um tratamento diferenciado e preconceituoso aos alunos negros nas escolas, o que prejudica o desempenho deles nos estudos. Talvez até inconscientemente, muitas vezes os professores nutrem a expectativa de que os alunos negros tenham desempenho escolar ruim e essa expectativa acaba influindo negativamente no trabalho que é feito com esses alunos – e, no final do processo escolar, o mau desempenho acaba realmente ocorrendo.

Segundo o professor Kabengele Munanga (2000a: 235-6), a conclusão mais pertinente a que podemos chegar, com base nas considerações anteriores, é que, mesmo nas circunstâncias em que ocorre a exclusão social de alunos que vivem em situação de pobreza, estudando em escolas públicas de bairros periféricos sem infraestrutura urbana adequada, os piores índices de desempenho insatisfatório nos estudos são apresentados por alunos negros, demonstrando que a exclusão social e econômica não é o único fator que explica o insucesso escolar desses alunos.

A pesquisa *Relações raciais na escola: reprodução de desigualdades em nome da igualdade*, coordenada pelas professoras Mary Garcia Castro e Miriam Abramovay (2006) em um convênio entre o MEC/Inep e a Unesco Brasil, empregou as mais diversas técnicas qualitativas para investigar as relações raciais no cotidiano escolar entre estudantes, familiares, funcionários, professores e diretores, buscando testar a hipótese da existência de preconceitos que estariam influenciando o "desempenho escolar de crianças e jovens e da desqualificação da humanidade dos negros, sentidos e afetos em relação à escola e sua identidade". Os resultados alcançados desvendaram "percepções de professores, alunos e pais segundo sua identidade étnico-racial, qualificando condicionantes para desigualdades, assim como iniquidades na distribuição do recurso escolar com marca sociorracial".

A Sociologia da Educação possibilita, assim, uma abordagem dos problemas empíricos suscitados pela relação entre os currículos e os processos educativos efetivos, considerando que na escola interagem alunos e educadores com origens diversas, do ponto de vista religioso, étnico, de gênero, de orientação sexual e de classe, e que nenhum grupo humano tem o monopólio da beleza, da inteligência, da racionalidade. Como indica uma análise acurada do currículo escolar considerado como uma modalidade de relação social, e não como um mero documento burocrático, nos processos de interação que ocorrem no cotidiano escolar, muitas vezes as expectativas dos professores condicionam (embora não determinem totalmente) o desempenho dos estudantes. Em Sociologia da Educação, esse mecanismo muitas vezes inconsciente de classificação é expresso pela relação entre as representações dos professores a respeito dos alunos e de seu desempenho escolar. Aquilo que os professores pensam sobre as perspectivas de um aluno pode influenciar no seu desempenho escolar e na construção da sua identidade.

POLÍTICAS PÚBLICAS E AÇÕES AFIRMATIVAS NA EDUCAÇÃO

A Constituição da República Federativa do Brasil de 1988, no artigo 5º, declara que "todos são iguais perante a lei, sem distinção de qualquer natureza", tornando o direito à igualdade um princípio jurídico orientador das relações entre os cidadãos brasileiros. No artigo 3º, inciso IV, é também instituído como um objetivo fundamental da República "promover o bem de todos, sem preconceito de origem, raça, sexo, cor, idade e quaisquer outras formas de discriminação". E no artigo 5º, incisos 41 e 42, a prática do racismo é declarada como "crime inafiançável e imprescritível, sujeito à pena de reclusão, nos termos da lei".

Mas como a igualdade de tratamento e de oportunidades entre os cidadãos brasileiros prevista na Constituição Federal ainda não se tornou realidade em nosso país, em especial no que diz respeito ao contingente negro da população, o Estado brasileiro, em diferentes contextos históricos, vem assumindo oficialmente o compromisso de intervir na sociedade para combater as práticas discriminatórias contra os cidadãos classificados como negros ou pardos, tornando-se signatário de várias convenções internacionais, como a da Unesco, de 1960, que propõe o combate ao racismo por meio da educação escolar, e a da III Conferência Mundial das Nações Unidas contra o Racismo, Discriminação Racial, Xenofobia e Intolerância Correlata, ocorrida em Durban, África do Sul, em 2001, na qual o Brasil apresentou um relatório em que assume o compromisso de adotar "medidas reparatórias às vítimas do racismo, da discriminação racial e de formas conexas de intolerância, por meio de políticas públicas específicas para a superação da desigualdade", sendo que entre elas estão a "adoção de cotas ou outras medidas afirmativas que promovam o acesso de negros às universidades públicas" (Brasil, 2001).

Em uma avaliação do professor José Jorge de Carvalho, depois de mais de um século do final da escravidão em nosso país, é muito pequena a porcentagem de docentes negros nas universidades públicas brasileiras: a universidade brasileira "é uma das mais segregadas racialmente em todo o mundo" (Carvalho, 2003: 62). Essa mesma constatação está presente na tese de doutorado intitulada *Mulher negra professora universitária: trajetória, conflitos e identidade*, da professora Eliana de Oliveira (2004), que pesquisou e demonstrou empiricamente os mecanismos de exclusão da mulher negra da carreira docente no ensino superior brasileiro, evidenciando como a probabilidade de um estudante brasileiro ser bem-sucedido no sistema de ensino é bastante influenciada pelos fatores extra-acadêmicos cor ou gênero. Na mesma direção, a pesquisa de Luana Diana dos Santos (2018: 9) a partir da investigação sobre as trajetórias das professoras e pesquisadoras Petronilha Beatriz Gonçalves e Silva e Nilma Lino Gomes evidenciou a importância do debate sobre a "persistência do racismo no Brasil" e a necessidade, bem como a importância "das mudanças na legislação educacional nas últimas duas décadas".

A esse respeito, com base nas pesquisas educacionais já realizadas, podemos até traçar um perfil econômico, social e cultural dos alunos que não só ingressam nas universidades brasileiras, mas que não evadem e conseguem alcançar os melhores resultados, chegando até os níveis de mestrado e doutorado e ingressando na carreira docente. Como o número existente de vagas nesse nível de ensino na rede pública é muito menor do que a quantidade de cidadãos que deseja obter uma formação universitária, a solução que os gestores e educadores universitários encontraram para equacionar o problema foi a utilização de mecanismos de seleção que servem tanto para definir o ingresso como a progressão no sistema. É o caso dos exames, vestibulares e provas realizadas em cada disciplina curricular.

Ao fazermos uma análise de conjunto sobre as consequências sociais dos mecanismos de avaliação e de seleção como vestibulares e provas, podemos constatar um perfil geral dos atributos daqueles alunos que ingressam nas escolas consideradas de melhor nível, públicas ou privadas, que não evadem e alcançam um desempenho superior. Tal perfil é decorrente, entre outros fatores, das seguintes variáveis: quanto maior a escolaridade dos pais, mais os alunos contam com estímulo, acompanhamento nas atividades escolares e o exemplo próximo de pessoas bem-sucedidas no sistema escolar, fatores que se combinam para levar a um melhor desempenho na escola. O fator renda familiar contribui também para um desempenho superior dos alunos na escola e nos exames de seleção, como ilustram os resultados verificados entre os estudantes que prestam o Exame Nacional do Ensino Médio (Enem).

Como apontou o estudo *Sucesso escolar nos meios populares: as razões do improvável*, de Bernard Lahire (1997), vários fatores secundários, mas também relevantes, podem ser citados como diferenciais para uma formação cultural e psicológica favorável ao bom desempenho na educação escolar, como local, bairro, cidade e região de domicílio; a frequência ou não à escola privada no ensino fundamental e médio; abundância de material de escrita no cotidiano; acesso e participação em atividades culturais; desenho, leitura e música incorporados ao lazer infantil; seleção de programas educativos na televisão; disciplina de estudo e concentração; hábito de estudo autônomo; expectativa de bom desempenho na escola; valorização do sucesso escolar.

Observamos, assim, como a formação educacional, o acesso aos bens culturais e as condições socioeconômicas estão entre os fatores que influenciam no desempenho no sistema escolar como um todo e em particular no ensino superior, conforme apontam os estudos coordenados por Eunice Durham (2003), e dessa autora com Carolina Bori (2002).

Em síntese, podemos considerar que o racismo e as desigualdades socioculturais refletem no nosso sistema universitário de inúmeras maneiras, uma vez que o simples acesso à escola não assegura igualdade de resultados, porque muitos alunos negros não competem com os demais em igualdade de condições: os filhos de pais mais escolarizados são favorecidos pela estruturação dos currículos; o nível de renda dos negros prejudica a competitividade dos seus filhos no sistema escolar; o preconceito e a discriminação sofridos pelos alunos negros no cotidiano escolar também influenciam no desempenho de maneira negativa. Como não existe igualdade de condições entre brancos e negros desde o início do processo de escolarização, não podemos supor que os últimos conquistarão os mesmos resultados que os primeiros e alcançarão as posições que desejam no sistema universitário e no mercado de trabalho.

Caso as políticas públicas do setor de educação e a ação educativa no interior de escolas e universidades não considerem essa situação de desigualdade quanto à escolarização existente entre as famílias de negros e não negros, continuarão a contribuir para sua reprodução, condenando a maior parcela dos jovens negros à evasão escolar, à marginalização ou à realização das mesmas atividades profissionais menos qualificadas e remuneradas de seus pais.

Nos últimos anos, uma significativa legislação nos âmbitos federal, estadual e municipal vem sendo construída no Brasil visando à efetividade dos direitos constitucionais dos cidadãos contra diferentes tipos de discriminação. É o que afirma a conselheira Petronilha Beatriz Gonçalves e Silva, do Conselho Nacional de Educação, relatora do parecer da Lei n. 10.639, de 9 de janeiro de 2003, que altera a Lei de Diretrizes e Bases da Educação Nacional (1996) e inclui no currículo oficial da rede de ensino a obrigatoriedade da temática "História e cultura afro-brasileira", tendo como objetivo o combate ao racismo e às formas de discriminação abertas ou dissimuladas que excluem socialmente os cidadãos considerados negros. Para tanto, o parecer em questão indica a necessidade de implementação de políticas de ações afirmativas tanto para a reparação das situações de violência, exploração e humilhação, sofridas pelos negros ao longo da história do Brasil, como para o "reconhecimento e valorização de sua história, cultura, identidade". O alvo das políticas de ações afirmativas na área educacional é a promoção de processos de escolarização que capacitem e credenciem os cidadãos negros para todas as atividades profissionais existentes (Gonçalves e Silva, 2004: 10-1).

Como exemplo de políticas de ações afirmativas de alcance prático e adoção imediata que pretendem a promoção da igualdade e o fim de todas as formas de discriminação, propostas e implementadas por diferentes movimentos sociais, organizações não governamentais e autoridades públicas, podemos citar, entre outras: as políticas de combate à pobreza e de redistribuição de renda; a melhoria na qualidade do ensino público em todos os níveis; a promoção de cursos de capacitação profissional e escolar como os pré-vestibulares para negros e carentes; a destinação de recursos públicos para o custeio dos estudos dos estudantes racialmente discriminados; a obrigatoriedade de contratação de trabalhadores negros por parte do setor público e privado; a promoção do acesso à universidade aos negros e demais excluídos pelos exames vestibulares por meio do sistema de cotas; a ampliação das vagas nas universidades públicas e no ensino superior da rede privada gratuitamente para os negros.

Desde 2003, graças à iniciativa da Universidade Estadual do Rio de Janeiro (Uerj), pioneira na adoção de políticas de ação afirmativa no país, as cotas para alunos negros nas universidades já fazem parte de um conjunto de medidas práticas, efetivas e imediatas que apontam para o fim das desigualdades raciais na sociedade brasileira. Importantes instituições universitárias do país já adotaram o sistema de reserva de vagas para alunos negros e estão em fase de aprimoramento do mecanismo e de superação dos problemas que ele pode acarretar.

Para consolidar as políticas de ações afirmativas nas universidades públicas brasileiras, o governo federal sancionou a chamada "Lei de Cotas", tornada oficial em 15 de outubro de 2012, que reserva 50% das vagas para estudantes que cursaram todo o ensino médio em escolas públicas. Mas dentro desse conjunto de vagas reservadas para estudantes das escolas públicas a metade deverá contemplar estudantes com renda familiar igual ou inferior a um salário-mínimo e meio por membro da família. Para os estudantes classificados como pretos, pardos e indígenas, a quantidade de vagas reservadas pelo sistema de cotas deverá ser definida de acordo com a participação percentual de cada um desses segmentos em cada estado, segundo os indicadores do censo do IBGE. Entre os anos de 2012 e 2016, a Lei previa que as universidades deveriam se adaptar gradativamente, partindo de um total de 12,5% de vagas reservadas em 2013, para 25%, em 2014, 37,5%, em 2015 e 50%, em 2016. Ao sancionar a Lei, a então presidente Dilma Roussef declarou: "Nosso objetivo, com essa Lei, é ampliar o acesso às nossas universidades e aos nossos institutos federais para os jovens das escolas públicas, para os negros e para os índios. Essas universidades e os institutos estão entre os melhores do país, e, muitas vezes, as pessoas vindas das escolas públicas têm dificuldade de ter acesso à universidade pública" (Brasil, 2012).

As cotas são consideradas por seus defensores um instrumento a ser utilizado pela sociedade brasileira para compensar as deficiências de aprendizagem constatadas entre os alunos negros e para acelerar o fim da barragem racista que sofrem, uma vez que a formação educacional, o acesso aos bens culturais e as condições socioeconômicas estão entre os fatores que influenciam no desempenho no sistema escolar como um todo e particularmente no ensino superior, conforme apontam os estudos coordenados por Durham e Bori (2002) e Durham (2003). O sistema universitário deve continuar a formular e a desenvolver políticas institucionais de investimento de recursos materiais e intelectuais que ataquem os problemas de formação decorrentes das condições socioeconômicas, educacionais e culturais dos alunos negros.

Se atualmente muitos reivindicam cotas para negros no ensino superior em um país em que os negros têm acesso ao sistema escolar público, isso se deve ao fato de que os ensinos infantil, fundamental e médio não qualificam adequadamente as crianças e os adolescentes negros e os excluem muitas vezes do processo escolar. Como questionam os professores Ângela Albernaz, Francisco Ferreira e Creso Franco (2003: 22), o debate sobre a implementação de políticas afirmativas no Brasil nos obriga a entender melhor, mais cuidadosa e detalhadamente os chamados "aspectos raciais da prática educacional nas escolas brasileiras".

Em meio à polêmica sobre a legalidade das cotas raciais em nosso país, o Supremo Tribunal Federal (STF), em 26 de abril de 2012, reconheceu a constitucionalidade das ações afirmativas e a reserva de vagas para negros nas universidades públicas brasileiras.

Texto complementar

O combate ao racismo passa pela escola

Mesmo após 130 anos do fim da escravidão, ainda não fizemos da Educação um caminho para eliminar a desigualdade entre brancos e negros no Brasil. O acesso à Educação de qualidade é um direito de todos os brasileiros mas, na prática, sabemos que isso não acontece. Após 130 anos da abolição da escravidão no Brasil, a desigualdade racial ainda persiste na nossa sociedade e, portanto, também dentro da escola pública. Basta olhar os dados do Ensino Básico, onde se vê um cenário preocupante para a juventude negra.

Em 2015, realizamos um levantamento com base na Pesquisa Nacional por Amostra de Domicílio (Pnad/IBGE). Os resultados indicaram que 30% da população negra (pretos ou pardos) não completava o Ensino Fundamental antes dos 16 anos. Além disso, só 56,8% da população preta e 57,8% da parda entre 15 e 17 anos continuava no Ensino Médio. Números como esses expressam um cenário grave por si só, mas que fica ainda pior quando essas estatísticas são comparadas àquelas correspondentes à população branca. Também em 2014, aos 16 anos, 82% dos alunos brancos terminavam o Ensino Fundamental, e entre aqueles com idade entre 15 a 17 anos, 71% estavam na escola.

Os reflexos da falta de acesso são percebidos na aprendizagem. Segundo dados do Sistema de Avaliação da Educação Básica (Saeb) de 2015, 44,8% dos alunos brancos do 9º ano do Ensino Fundamental tinham aprendido adequadamente o português. O mesmo índice era de 30,8% e 24,5% entre os estudantes pardos e pretos, respectivamente. Na matemática, a situação se agrava: 27,4% dos brancos tinham domínio adequado da disciplina contra 15% dos pardos e 10,7% dos pretos com o mesmo desempenho.

As diferenças expressas nos dados muitas vezes manifestam-se em forma de discriminação e preconceito, mesmo dentro da escola. Em São Paulo, a cada 5 dias há um caso de injúria racial nas instituições de ensino público e privado de todos os níveis, segundo a Secretaria de Segurança do Estado. Por isso, é necessário que os professores saibam lidar com essas situações, o que exige preparo e formação.

(Todos pela educação. Disponível em: <https://todospelaeducacao.org.br/noticias/o-combate-ao-racismo-passa-pela-escola/>. Acesso em: 2 fev. 2020.)

Questões propostas

1. Como o preconceito e a discriminação influenciam no desempenho escolar dos alunos considerados negros no Brasil?
2. Explique o que são políticas de ações afirmativas.
3. Faça um levantamento das opiniões das pessoas com as quais convive e elabore um quadro com duas colunas. Na primeira coluna, relate os argumentos favoráveis à implementação de medidas de ações afirmativas em favor da população negra, como as cotas no ensino superior, por exemplo. Na segunda coluna, relate os argumentos contrários. Em seguida, com base na leitura deste capítulo, elabore um comentário pessoal.

Fernando de Azevedo:
a educação como um "fato social"

Um dos principais introdutores do pensamento de Émile Durkheim no Brasil, especialmente preocupado com sua sociologia da educação, foi o educador Fernando de Azevedo, diretor-geral da Instrução Pública de São Paulo, em 1933, introdutor da disciplina de Sociologia da Educação no currículo das escolas normais do Estado. Para ele, uma formação profissional para o magistério deveria contar com o acesso aos conhecimentos científicos mais avançados, dentre os quais estaria o ensino de Sociologia.

As sociedades modernas passam por constantes mudanças que geram, por sua vez, inúmeros problemas educacionais que demandam senso crítico e formação cultural sólida para o seu enfrentamento por parte do professor, de modo a que consiga identificar e coordenar os fatos sociais que incidem sobre educação das novas gerações. O objeto de investigação da sociologia educacional, portanto, deveria ser o estudo sistemático da questão educacional brasileira, através da realização de pesquisas teóricas e empíricas sobre as instituições sociais e os fatos sociais que incidem sobre a educação.

Em que medida a sociologia da educação de Fernando de Azevedo se baseava na teoria sociológica de Émile Durkheim? Um caminho para respondermos a essa pergunta é analisar um texto do autor em que ele enfatiza "a natureza sociológica dos fenômenos da educação" e no qual estão presentes, de maneira bem explícita, os pressupostos durkheimianos. Azevedo inicia esse texto na tentativa de demonstrar como a pesquisa sociológica deve se dedicar ao estudo dos fatos e instituições da educação, para especificar mais detidamente o que ele considerava fenômenos de educação e sua função social, ou seja, nos moldes de Durkheim, uma definição precisa do objeto a ser investigado e a função que desempenha como meio para a integração e a evolução da sociedade brasileira. A pesquisa em sociologia educacional deveria priorizar a instituição social escola, sua estrutura interna e as relações entre os grupos sociais que se dão em seu interior, sem descuidar do estudo das relações entre a escola e a sociedade, e do grau em que as teorias pedagógicas são adequadas para a nossa sociedade e influenciadas pela política e pela economia. Azevedo achava que Durkheim tinha sido o sociólogo que mais consistentemente estabelecera a "natureza sociológica do fenômeno da educação", justificando a necessidade de uma ciência da educação baseada nos métodos sociológicos de investigação. Durkheim consolidou a Sociologia da Educação como uma disciplina científica porque conseguiu delimitar precisamente os objetos a ser pesquisados, passíveis de ser observados de modo neutro, desinteressado e externo, mas dotados de uma homogeneidade "suficiente para poderem ser classificados numa mesma categoria".

Segundo Antonio Candido, a principal contribuição teórica de Fernando de Azevedo foi apresentada no livro *Sociologia educacional*, de 1940,

> [...] onde procura dar a esta disciplina uma fundamentação sociológica coerente, escapando às tendências demasiado pragmáticas dos americanos no sentido de uma "sociologia aplicada à educação", que melhor se diria pedagogia sociológica. Trata-se neste livro de inverter de algum modo a posição, considerando a educação como um dos campos de investigação sociológica, armada de um sistema de conceitos, procurando definir o processo educacional no que tem de socialização, para, em seguida, estudá-lo em conexão com as instituições sociais, tanto as genéricas, como a família e o Estado, quanto as específicas, como a escola. Surge assim a necessidade de analisar a emergência dos papéis sociais ligados a ele, a partir dos tipos primitivos de transmissão da experiência cultural. Para isto, Fernando de Azevedo desenvolve as sugestões apontadas por Durkheim, utilizando os dados da Antropologia moderna e a sua própria experiência. (Mello e Souza, 2006: 285)

Um reformador da educação

Fernando de Azevedo foi o responsável pela reforma educacional promovida no Distrito Federal entre 1927 e 1930 – marco fundamental entre as inúmeras tentativas de renovação do ensino. Para ele, a reforma da instrução primária e das escolas normais deveria ser o ponto de partida para a resolução dos problemas educacionais do país. Extremamente organizado e meticuloso, montou um arquivo composto por dez grossos volumes que continham recortes de jornais – aproximadamente 7 mil matérias sobre a sua administração à frente da Diretoria de Instrução Pública do Distrito Federal. E todos arranjados em ordem cronológica, com o nome do jornal e a data da publicação escritos de próprio punho.

Na reforma educacional que promoveu no Distrito Federal, Azevedo trabalhou para modernizar o sistema de ensino, enfrentando poderosos interesses fincados no Conselho Municipal, a famosa *gaiola de ouro,* quando chegou a sofrer um atentado. No calor dos debates, diante da intransigência dos intendentes situacionistas, que relutavam em apoiar a reforma, emitiu uma explosiva nota que afirmava a certa altura:

> O Diretor de Instrução elaborou um projeto de lei e o ofereceu ao Conselho Municipal, atendendo a um convite com que o honraram as comissões reunidas de Instrução, Justiça e Orçamento. Se nada vale, deve ser rejeitado; se tem defeitos, deve ser emendado; se é obra digna de apreço, deve ser aprovada. Supor o Diretor de Instrução Pública capaz de ceder a qualquer pressão ou transação é desconhecê-lo, senão injuriá-lo. (Azevedo, 1927)

Os princípios da reforma – escola única, não uniforme, mas adaptada ao meio; escola do trabalho, ao mesmo tempo conteúdo curricular e método pedagógico; e escola-comunidade ou escola do trabalho em cooperação – continuam, em nossa realidade educacional, ideais em busca de realização.

Fernando de Azevedo transitou por várias áreas do conhecimento. Da Educação Física – setor em que foi especialista, tendo escrito uma tese pioneira em 1915 – às Ciências Sociais – trajetória que completou em 20 anos –, passou pelo ensino de Latim e de Psicologia, pela crítica literária, pela investigação sobre a arquitetura colonial e a educação paulista, pela reforma educacional. Estudioso e amante dos clássicos, nunca escondeu o fascínio pelas ciências modernas, que procurou incluir nos currículos escolares, tanto que, nos anos 1950, organizou a obra *As ciências no*

Brasil, cuja segunda edição saiu pela editora da Universidade Federal do Rio de Janeiro (UFRJ) em 1994.

Segundo o testemunho insuspeito de Paschoal Lemme, Azevedo foi "uma das mais altas expressões da inteligência e da cultura do Brasil moderno", destacando-se por três contribuições fundamentais:

> 1. *A grande reforma do ensino no antigo* Distrito Federal (1927-1930) [...], reforma essa que, segundo as opiniões mais autorizadas, foi o marco inicial do processo de modernização do ensino no Brasil. 2. *O manifesto dos pioneiros da educação nova* (1932). [...] Subscrito por um grupo dos mais eminentes educadores e intelectuais, mantém até hoje sua validade. 3. A monumental obra *A cultura brasileira,* redigida inicialmente para servir de introdução ao recenseamento de 1940, tornou-se de consulta obrigatória para quem deseja conhecer a evolução da cultura nacional, em todos os seus aspectos. (Lemme, 1988: 201-2)

A essas três poderíamos acrescentar uma quarta contribuição, que foi a sua importante participação no processo de fundação da Universidade de São Paulo (USP) (1934), destacando-se pela defesa do que considerava o verdadeiro espírito universitário, plenamente identificado com a Faculdade de Filosofia, Ciências e Letras como *anima mater* da universidade.

Texto complementar

A natureza sociológica dos fenômenos de educação

Ora, se o pesquisador, uma vez que queira aprofundar, deve dedicar-se a uma ordem especial de problemas, um dos mais belos campos de estudos abre-se diante do sociólogo que pretender aplicar os métodos de investigação científica aos fatos e às instituições de educação. Estabelecer uma noção precisa dos fenômenos de educação e de sua função social: operar uma sondagem sobre a origem da escola como instituição social, específica; estudar as relações entre a escola e a sociedade, entre o sistema social pedagógico e o sistema social geral, como entre a política e a educação, e a educação e o estado; investigar sobre a estrutura dos sistemas educacionais e a sua evolução, estreitamente ligadas ao temperamento, à estrutura e à evolução dos grupos sociais, no interior dos quais tiveram nascimento e se desenvolveram essas instituições; não seriam alguns dentre tantos problemas que competiria ao sociólogo pesquisar, limitando suas investigações ao domínio dos fatos sociais pedagógicos? [...]

Em todo caso, os fatos sociais pedagógicos que servem de matéria a esse conjunto de pesquisas, de análises e de teorias, que se designava comumente sob o nome de "pedagogia" e mais tarde, sob o nome de "ciência da educação", constituem um campo de investigação sociológica que pode ser realmente fecundo. E não se pode negar que foi ainda Durkheim que, definindo a natureza sociológica do fenômeno da educação, abriu o caminho a um dos principais ramos da sociologia, e não somente estabeleceu o primeiro ponto de aplicação do método sociológico ao estudo desses fenômenos, como forneceu, no seu livro "Educação e Sociologia", um precioso fio condutor nas mãos dos pesquisadores que quiserem seguir os seus traços. [...]

O grande pensador e sociólogo que preparou o caminho, como um precursor, a essa concepção sobre que repousa a sociologia educacional, tal qual a entendemos, mostra que esse conjunto de estudos, englobados por ele sob o nome de "ciência de educação", apresenta os caracteres de uma disciplina científica, a saber: a) recaírem os estudos sobre dados objetivos ou fatos passíveis de observação e com uma homogeneidade suficiente para poderem ser classificados numa mesma categoria; b) serem esses fatos objeto de estudos feitos de modo absolutamente desinteressado, isto é, "para conhecê-los e somente para conhecê-los". A ciência, lembra o próprio Durkheim, começa desde que o saber seja ele qual for, seja procurado por si mesmo [...] A sociologia educacional torna-se como a sociologia de que é um dos principais ramos ou partes, uma ciência pura, uma ciência especulativa, destinada a edificar a educação sobre novos fundamentos e renovar o estudo de suas origens e de suas funções sociais, embora comporte numerosas aplicações em política educacional e possamos utilizar seus dados já para deduzir deles uma regra de conduta, já para lhes ligar, a fim de revê-las ou legitimá-las, nossas opiniões das teorias sobre educação.

(AZEVEDO, Fernando de. *Sociologia educacional.* 3. ed. São Paulo: Melhoramentos,1954, pp. 24-8.)

Questões propostas

1. Comente os aspectos da atuação de Fernando de Azevedo que teriam contribuído para a modernização da educação brasileira, fundamentando a sua escolha.
2. Elabore um texto que evidencie como as concepções de ciência e de educação de Émile Durkheim influenciaram a Sociologia da Educação brasileira formulada por Fernando de Azevedo.

Florestan Fernandes e o dilema educacional brasileiro

Nas décadas de 1950-1960, no Brasil, a educação era considerada um fator relevante para o desenvolvimento, na medida em que os sistemas educacionais dos países periféricos do mundo capitalista poderiam adequar os agentes às demandas do processo de modernização. Ademais, também eram tema de investigação os processos de formação das consciências para a aceitação do desenvolvimento econômico como um valor, ou seja, como algo necessário e desejável.

Segundo Florestan Fernandes, a dominação patrimonialista que caracterizou o Estado brasileiro até a proclamação da República converte a educação sistemática num símbolo social de privilégios e do poder dos seus membros e das camadas dominantes. Em consequência, os problemas educacionais brasileiros "são produtos de nossa incapacidade de ajustar as instituições educacionais às diferentes funções psicoculturais e socioeconômicas que elas devem preencher e de criar um sistema educacional suficientemente diferenciado e plástico para corresponder, de maneira ordenada, à variedade, ao volume e ao rápido incremento das necessidades escolares do país como um todo" (Fernandes, 1979: 416). Em síntese, a educação deve desempenhar uma função primordial em uma sociedade em vias de urbanização e industrialização.

Analisando a obra de Florestan Fernandes, o também sociólogo e seu ex-aluno Octavio Ianni identifica cinco fontes em seu pensamento. Em primeiro lugar, Florestan, ex-aluno de Fernando de Azevedo na USP, foi fortemente influenciado pela Sociologia clássica e moderna que estudou incansavelmente nas obras de Comte, Durkheim, Marcel Mauss, Georges Gurvitch, Roger Bastide, Pitirim Sorokin, Weber, Werner Sombart, Karl Mannheim, Robert Merton, Charles Wright Mills, Bronislaw Malinowski e muitos outros. Uma segunda fonte de influências viria do marxismo, de suas leituras de Marx e Engels, mas também da leitura de Lênin, Trotsky e Gramsci. Outra fonte de influência na obra de Florestan Fernandes foi a corrente crítica do pensamento social brasileiro, desde Euclides da Cunha e Lima Barreto, passando por Manoel Bomfim, Astrojildo Pereira e Graciliano Ramos, até Caio Prado Júnior. Uma quarta fonte pode ser localizada no contexto histórico da sociedade brasileira em que viveu, com os desafios da urbanização e da industrialização, ao lado da emergência de movimentos sociais e partidos políticos. Por fim, pode-se dizer que sua origem nas camadas sociais mais exploradas foi também um forte componente na busca de um pensamento crítico e rigoroso, capaz de transitar por um conjunto vasto de problemáticas e discussões e assim repensar interpretações já elaboradas sobre a sociedade brasileira. Exemplo disso é o livro *A etnologia no Brasil*, no qual realiza todo um levantamento e uma análise crítica da produção que denomina "pré-sociológica", desde o descobrimento, o aparecimento de formas mais sistemáticas e mais bem elaboradas com as produções intelectuais das duas primeiras décadas do século XX, até uma avaliação da contribuição de clássicos como Gilberto Freyre, Oliveira Vianna e Fernando de Azevedo.

A obra envolve também o descortinamento de preconceitos raciais escondidos pela "ideologia do branqueamento" ou da "democracia racial", como expressa sua pesquisa *A integração do negro na sociedade de classes*. Entre vários outros trabalhos de maturidade, *A revolução burguesa no Brasil* demonstra sua preocupação com as questões que envolvem a consolidação do que ele considera "uma ordem social excludente burguesa e capitalista". Uma parte importante da sua criação teórica realiza uma síntese de toda a tradição sociológica, como em *Fundamentos empíricos da explicação sociológica* ou *Elementos de Sociologia geral e aplicada*, obras às quais devemos acrescentar seus livros sobre as atribuições da ciência e dos cientistas sociais na sociedade então chamada de subdesenvolvida, como *A Sociologia no Brasil* e *A Sociologia numa era de revolução social*.

UM ACADÊMICO MILITANTE

A professora Maria Arminda do Nascimento Arruda, avaliando a trajetória de Florestan Fernandes em seu conjunto, considera-o um intelectual que introduziu uma característica própria no pensamento sociológico brasileiro, graças à sua obstinação pelo trabalho acadêmico rigoroso e à sua densa formação teórica no campo das ciências sociais. Como um típico acadêmico tradicional, Florestan Fernandes construiu uma obra consistente na teoria e na prática, relevante socialmente, combinada com sua postura de educador, animador de grupos de investigação científica, ao mesmo tempo em que defendia e praticava um engajamento político em defesa da justiça e da democracia.

A Sociologia da Educação brasileira realizada por Florestan Fernandes a partir dos nos 1950 enfatiza uma crítica severa ao privilégio social dos grupos que têm acesso ao ensino de qualidade, e por isso não possibilita o desenvolvimento econômico e político-democrático no país. Entretanto, como não realizou investigações empíricas que abordassem diretamente os problemas educacionais, a exemplo da pesquisa que realizou para a elaboração da obra *A integração do negro na sociedade de classes*, o próprio Florestan não se considerava especialista em educação.

Florestan Fernandes considera a educação um dos fatores decisivos para o desenvolvimento econômico e social de uma nação. Entretanto, a realidade educacional do país, em seu entendimento, é profundamente problemática, pois em algumas regiões as populações indígenas sofrem com o contato com fazendeiros e trabalhadores rurais e urbanos já desenraizados socialmente, sem escolarização e proletarizados. Em outras regiões, o declínio das atividades econômicas leva a uma crise social, as populações atingidas pelo desemprego não encontram instituições escolares para capacitá-las e readaptá-las ao mercado de trabalho em mudança.

Além disso, nas áreas em que o capitalismo alcança maiores níveis de produtividade, com crescimento demográfico e urbanização acelerados, faltam escolas para promover a adaptação das populações rurais à vida urbana. Em algumas regiões de conflito entre diferentes segmentos populacionais, grupos étnicos, comunidades rurais e classes sociais, a escola não é preparada para intervir nos problemas de relações humanas que ocorrem em seu interior. Nas cidades, ainda são escassos os ensinos técnico e profissionalizante que forneçam aos trabalhadores a especialização necessária para as novas profissões surgidas com o desenvolvimento econômico.

Para Florestan Fernandes, o que interessa é analisar e interpretar os condicionamentos sociais, políticos, culturais e econômicos que tornam o desenvolvimento econômico um valor para determinados setores das populações latino-americanas. Como escreveu o professor Dermeval Saviani (1996), nas últimas fases de sua trajetória intelectual e de militância política, Florestan Fernandes empenhou o seu saber sociológico como um "publicista da causa educativa", frequentando "assiduamente a imprensa escrita, divulgando incansavelmente um saber crítico da sociedade encarado como instrumento para a necessária ação transformadora a ser protagonizada pelos debaixo" (Saviani, 1996: 82) e publicando o livro *O desafio educacional*, em 1989. No entendimento desse pensador, os cientistas sociais, como representantes de uma cultura que explica o mundo de maneira secularizada e racional, têm a responsabilidade de pesquisar e divulgar esses problemas para os demais cidadãos, elevando-os "à esfera da consciência social". Segundo suas palavras, "os influxos da ciência e da tecnologia científica sobre a educação parecem mais profundos. Ambas requerem um complexo tipo de ensino, que ajuste os processos educacionais à natureza do pensamento científico e às funções da ciência e da tecnologia científica no mundo em que vivemos. Isso equivale a dizer que elas apelam para uma filosofia da educação com um padrão de humanismo próprio" (Fernandes, 1966: 102).

Texto complementar

O ensino de Sociologia na escola secundária brasileira

Os estudos que foram feitos pelos especialistas sobre essa questão demonstram que, para os sociólogos, o ensino da sociologia no curso secundário representa a forma mais construtiva de divulgação dos conhecimentos sociológicos em um meio ideal, por excelência, para atingir as funções que a ciência precisa desempenhar na educação dos jovens na vida moderna. A difusão dos conhecimentos sociológicos poderá ter importância para o ulterior desenvolvimento da sociologia. Mas o que entra em linha de conta, no raciocínio dos especialistas, não é esse aspecto pragmático. Salienta-se, ao contrário, que a transmissão de conhecimentos sociológicos se liga à necessidade de ampliar a esfera dos ajustamentos e controles sociais conscientes na presente fase de transição das sociedades ocidentais para novas técnicas de organização do comportamento humano. As implicações desse ponto de vista foram condensadas por Mannheim sob epígrafe – "do costume às ciências sociais" e formuladas de uma maneira vigorosa, com as seguintes palavras:

> Enquanto o costume e a tradição operam, a ciência social é desnecessária. A ciência da sociedade emerge quando e onde o funcionamento automático da sociedade deixa de proporcionar ajustamento. A análise consciente e a coordenação consciente dos processos sociais então se tornam necessárias.

O ensino das ciências sociais no curso secundário seria uma condição natural para a formação de atitudes capazes de orientar o comportamento humano no sentido de aumentar a eficiência e a harmonia de atividades baseadas em uma compreensão racional das relações entre os meios e os fins, em qualquer setor da vida social.

(FERNANDES, Florestan. *A Sociologia no Brasil*: contribuição para o estudo de sua formação e desenvolvimento. Petrópolis: Vozes, 1976, pp. 105-6.)

QUESTÕES PROPOSTAS

1. O que merece destaque na trajetória de Florestan Fernandes e nas influências que constituíram as fontes do seu pensamento sociológico?
2. Caracterize a singular posição de Florestan Fernandes no âmbito da Sociologia brasileira.
3. Até que ponto o diagnóstico de Florestan Fernandes acerca da educação nas diversas áreas do território nacional ainda corresponde à realidade?
4. Para Florestan Fernandes, quais seriam os fatores geradores dos problemas educacionais brasileiros?

O marxismo e a pesquisa educacional no Brasil

Nas últimas décadas do século XX, o marxismo se consolidou como uma das matrizes teóricas das pesquisas educacionais realizadas nas universidades brasileiras. Mas, como escreveu Hobsbawm, não se pode dizer que exista "um único marxismo específico, para não falar mesmo de um 'verdadeiro' marxismo contraposto a outros falsos e 'desviantes'. Em princípio, fazem parte dessa história todas as estruturas de pensamento que se declaram derivadas de Marx ou influenciadas por seus escritos [...]" (Hobsbawm, 1983: 13).

Ao discutirmos sobre as especificidades do marxismo institucionalizado nos Programas e Pós-Graduação em Ciências Sociais e nas Faculdades de Educação brasileiras, levamos em consideração a ideia de que "não existe um único marxismo, mas sim muitos marxismos, frequentemente empenhados (como se sabe) em ásperas polêmicas internas, a ponto de negarem uns aos outros o direito de se declararem marxistas", como também escreveu Hobsbawm (1983: 14).

Os marxismos dos pesquisadores brasileiros

No Brasil, essa disputa pelo monopólio da abordagem marxista pode ser exemplificada pela atitude de um autor como Dermeval Saviani, ao afirmar que, somente com a realização do seu esforço pessoal e do de outros colegas do programa de doutorado em Educação da PUC de São Paulo, foi "possível situar com nitidez a presença da concepção dialética na filosofia da educação brasileira".

Independentemente da pertinência ou não dessa afirmação, o fato de um autor manifestar de maneira pública o desejo de consagrar sua obra como proeminente em relação às de outros pesquisadores demonstra a existência de um embate político pelo reconhecimento do direito de se declarar marxista no Brasil.

Apesar de alguns exemplos isolados e mesmo com a fundação do Partido Comunista do Brasil (PCB), em 1922, é depois de 1930 que a obra de Marx passa a ser mais divulgada em terras brasileiras. Mesmo assim, na década de 1930, ainda predominavam entre os textos marxistas as teses e os documentos partidários, elaborados em congressos e conferências, tanto dos partidos políticos nacionais quanto da Internacional Comunista, quase sempre abordando os efeitos da dominação imperialista inglesa e americana sobre os países periféricos do sistema capitalista e os possíveis meios para uma revolução.

Não obstante o fato de que a influência do legado de Marx pode ser verificada nas obras de autores do final do século XIX e primeiras décadas do século seguinte, como Euclides da Cunha, Lima Barreto, Antonio Piccarolo, Octávio Brandão, Castro Rebelo e Astrojildo Pereira, em vários balanços da história dessa abordagem teórica, Caio Prado Júnior é o autor consagrado como o principal precursor de uma utilização mais efetiva e sistemática do marxismo no pensamento social brasileiro, com a publicação de sua obra *Evolução política do Brasil,* de 1933.

Especificamente na área educacional, foi ainda nos anos 1930 que um educador considerado marxista como Paschoal Lemme publicou um trabalho sobre o ensino dos adultos e organizou cursos para operários no Distrito Federal. Um depoimento do próprio Paschoal Lemme esclarece algumas características do marxismo que o influenciava:

> [...] Só algum tempo mais tarde, lá pelo ano de 1932 e, principalmente, a partir de 1933, influenciado pelos acontecimentos político-sociais que vinham se desenrolando no mundo e no país, é que comecei a me interessar mais de perto pelo estudo dessas questões. Creio que, por essa época, li o *Manifesto comunista* e algum resumo de *O capital,* a obra fundamental de Karl Marx, e confesso que essa leitura me causou um grande impacto [...]. (Lemme, 1988: 213)

Em obras publicadas nos anos 1940 e 1950, Caio Prado Júnior confirmaria seu estilo marxista de pensar a realidade brasileira tentando superar as limitações do marxismo oficial do PCB. Com correlata intenção, Antonio Candido lançou em 1957 sua obra *Formação da literatura brasileira,* que, em abordagem dialética, traça um painel da literatura nacional contextualizado histórica e socialmente.

O marxismo entrou de vez para a rotina universitária no Brasil a partir de 1958, quando um grupo de intelectuais da Faculdade de Filosofia da USP, liderado pelo filósofo José Arthur Giannotti, passou a estudar sistematicamente *O capital,* de Marx, e desenvolveu, em seguida, uma considerável produção intelectual em várias disciplinas científicas e filosóficas. O contexto e os objetivos do "seminário" podem ser discutidos com base em excertos de um depoimento de Roberto Schwarz, que foi um dos participantes. Para ele, a divulgação das condições políticas e sociais existentes na então União Soviética, após a morte de Josef Stalin, em 1953, influenciou na recepção do pensamento de Marx, que passou a ser mais valorizado e lido diretamente em substituição aos textos marxistas de estilo oficial e apologético. Com a leitura dos textos do próprio Marx, algumas análises marxistas consideradas vulgares e mecanicistas foram evidenciadas. Por isso, o "seminário" se organizou em torno da Faculdade de Filosofia da USP, e não dos partidos políticos e movimentos sociais, o que favorecia um tratamento mais rigoroso de tais textos, livre dos chavões e dos discursos panfletários e mais empenhados em recuperar uma teoria que poderia ser utilizada na pesquisa universitária.

Os anos do tal seminário, de 1958 a 1964, correspondem a um período de radicalização política e ideológica no país, no qual a luta pelas reformas de base animaria um amplo leque de forças políticas e sociais empenhadas na busca de soluções pacíficas para os problemas sociais. Mas havia, ainda, os partidos e movimentos mais à esquerda no cenário político, propugnando a tomada do poder por uma aliança interclassista que, a exemplo da Revolução Cubana, promovesse uma ruptura com o sistema capitalista internacional e iniciasse a reconstrução da sociedade brasileira em moldes socialistas. Nesse terreno fértil, o marxismo, em suas várias acepções, chegou a influenciar amplamente a produção cultural do país.

Para nos restringirmos aos reflexos daquela conjuntura histórica na vida acadêmica, em relação à radicalidade do movimento que defendia uma ampla reforma universitária, os governos militares que assumiram o poder, após o golpe político de 1964, passaram a reorganizar o setor educacional do país com vistas a adequá-lo ao modelo de desenvolvimento econômico baseado no binômio intervenção estatal/internacionalização. Em consequência, nos anos de 1966 a 1969, foi criado um novo modelo universitário no país com o objetivo de

> agregar a racionalidade administrativa à universidade para torná-la mais moderna e adequada às exigências do desenvolvimento. Mas, politicamente, essa racionalidade administrativa acaba aumentando, no seio da própria universidade, o controle dos órgãos centrais sobre toda a vida acadêmica e, externamente, o controle da própria universidade pelos órgãos de administração federal de ensino. (Romanelli, 1980: 232)

As Faculdades de Educação foram criadas a partir de 1969 para formar mestres e doutores em Educação e pessoal qualificado para o magistério do segundo grau (hoje ensino médio), administração, inspetoria, supervisão escolar e orientação educacional; e coibir o pensamento crítico e contestatório produzido no interior das faculdades de filosofia. Mas mesmo com a aposentadoria compulsória imposta a vários professores que desenvolviam uma produção intelectual de inspiração marxista, notadamente de alguns dos participantes do seminário sobre *O capital* mencionado, e com a repressão e a censura que se seguiram ao Ato Institucional n. 5, de 13 de dezembro de 1968, nos anos posteriores à reforma universitária,

> [...] não se pode negar que, contra todos os ventos e marés, a produção científica e cultural continua firme e empenhada em vários núcleos [...]. A autonomia relativa de reflexão e debate foi descentrada dos grandes anfiteatros para centenas de salas de seminário, de graduação e pós-graduação, e uma série de trabalhos sobre movimentos sociais, vida política, tendências ideológicas, dependência etc. vão surgindo [...]. (Mota, 1980: 262)

Especificidades do marxismo no pensamento educacional brasileiro

Apesar de sumária, a exposição sobre o acolhimento do marxismo no Brasil permite o início de uma reflexão sobre o espaço relevante que essa teoria passa a ocupar nas pesquisas desenvolvidas nos

Programas de Pós-Graduação em Ciências Sociais das Faculdades de Educação do país na década de 1970. Tal relevância pode ser verificada na quantidade de teses, dissertações, artigos e livros cuja modalidade de reflexão teórica empregada pelos autores tem como matriz assumida as obras do pensador alemão Karl Marx e de vários pensadores tidos como marxistas, que, de modo geral, podem ser classificadas da seguinte maneira:

- Dentro da tendência denominada por José Carlos Libâneo (1985) como "pedagogia progressista", ou, ainda, "pedagogia crítico-social dos conteúdos", da qual Dermeval Saviani e Carlos Cury são os principais expoentes e que constaria no pensamento educacional brasileiro como a primeira abordagem marxista a se consolidar no país após a reforma universitária que criou as Faculdades de Educação. O próprio Saviani esclarece que a partir de 1969 redigiu um texto, concluído em 1971, para a disciplina de Filosofia da Educação, da qual era professor na PUC de São Paulo, na tentativa de "encaminhar dialeticamente o problema dos objetivos e meios da educação brasileira". Saviani avalia que já em 1971 delineara em seus trabalhos uma metodologia dialética como pressuposto para a pesquisa e o ensino em educação, passando a abordar os fenômenos educacionais em "termos histórico-críticos". No final da década de 1970, era evidente a influência do marxismo nas pesquisas educacionais que se realizavam nas universidades brasileiras.
- Como "concepção dialética da educação", classificação enfatizada por Moacir Gadotti, autor que, com base em sua atuação como docente da disciplina de Filosofia da Educação no curso de Pedagogia da Universidade Estadual de Campinas (Unicamp), empenhou-se em realizar um "esboço de uma educação e de uma pedagogia inspiradas no marxismo", trabalho consubstanciado inicialmente em seu livro *Concepção dialética da educação* (1983).
- Como a tendência denominada por Saviani como "crítico-reprodutivista", que entre muitas outras, inclui algumas obras de Luiz Antonio Cunha e Bárbara Freitag. Nesse caso, vale a ressalva de que ambos enfatizam em alguns dos seus

trabalhos a incorporação do instrumental metodológico marxista por meio da mediação das interpretações de Marx realizadas por autores como Christian Baudelot e Roger Establet (no caso de Cunha, no livro *Uma leitura da teoria da escola capitalista*, de 1982), e Gramsci e Althusser (influências claras no trabalho de Bárbara Freitag intitulado *Escola, Estado e sociedade*, de 1979).

Embora a importância do marxismo no período em questão seja constatável na influência intensa, extensiva e difusa exercida sobre uma variada produção teórica de difícil mensuração até mesmo fora do campo tradicionalmente reconhecido como marxista, seria temerário o propósito de realizarmos uma discussão exegética dos textos educacionais visando à inferência das formas muitas vezes sutis de incorporação do pensamento de Marx e de seus continuadores. Facilmente poderíamos cair no erro de atribuir a origem de uma noção ou conceito a Marx quando, na realidade, poderia ser proveniente de outra fonte. Entraríamos, então, em uma polêmica sem fim. Um autor como Paulo Freire, por exemplo, que recebeu influência do marxismo nos anos 1970, sem recusar as influências cristãs já recebidas, dificilmente poderia ser considerado marxista em sentido estrito. Isso também ocorreu com outro autor proeminente no pensamento educacional brasileiro, Rubem Alves, que, em meio a inspirações retiradas das obras de Friedrich Nietzsche, Sigmund Freud, Roland Barthes, Søren Kierkegaard e Santo Agostinho, não recusa a influência de Marx.

Levando-se em consideração que o trabalho acadêmico dos autores classificados como marxistas citados anteriormente foi realizado no âmbito da pesquisa em educação do país, em um contexto político no qual o marxismo era o inimigo priorizado pela chamada ideologia de segurança nacional do regime iniciado com o golpe de 1964, ainda está por ser realizada uma investigação que esclareça como foi possível o desenvolvimento de um número considerável de teses, dissertações, livros e artigos com um discurso acadêmico cujos correspondentes no campo da política prática – os grupos de orientação marxista de oposição ao regime envolvidos ou não nos movimentos de guerrilha urbana e rural então existentes no país – sofriam uma violenta repressão física. Pode-se indagar ainda por que essa influência do marxismo no pensamento educacional brasileiro não se propagou antes, ficando restrita a um grupo de intelectuais, uma vez que tal modalidade de reflexão aparece no Brasil ainda no século XIX. E por que essa incorporação do marxismo ocorreu justamente a partir de 1969, após a reforma universitária que tinha como um de seus objetivos sufocar as possibilidades de desenvolvimento.

Da teoria à pesquisa

Outro conjunto de questões diz respeito à capacidade de os trabalhos acadêmicos, realizados com essa orientação metodológica, abordarem os problemas teóricos e práticos da educação brasileira. É pertinente rediscutirmos a avaliação crítica realizada por José Mário Azanha, segundo a qual muitas pesquisas educacionais que se pretendiam fundamentadas metodologicamente no marxismo incorreram em uma modalidade de

> [...] "abstracionismo pedagógico", entendendo-se a expressão como indicativa da veleidade de descrever, explicar ou compreender situações educacionais reais, desconsiderando as determinações específicas de sua concretude, para ater-se apenas a "princípios" ou "leis" gerais que na sua abrangência abstrata seriam, aparentemente, suficientes para dar conta das situações focalizadas. (Azanha, 1990: 24)

Azanha dirige suas críticas a algumas obras de Saviani e Bárbara Freitag, argumentando que esses autores revelam em alguns dos seus textos a "confusão epistemológica entre a elaboração teórica que se desenvolve pelo relacionamento de ideias e noções gerais (e por isso mesmo necessariamente abstratas) e a investigação empírica que opera a partir da teoria mas que não pode se resumir na simples ilustração desta" (Azanha, 1990: 24).

Com base nas críticas específicas de Azanha, pode-se também questionar até que ponto não se tornou uma prática muito frequente, entre os autores marxistas da área educacional, certo desprezo pela busca de dados empíricos sobre as múltiplas determinações do concreto, em privilégio de explicações gerais consagradas, que seriam simplesmente adaptadas, em primeiro lugar, à realização de uma análise crítica do capitalismo brasileiro e das teorias e práticas educacionais vistas intencionalmente ou de maneira involuntária como reprodutoras das relações sociais capitalistas e, em segundo lugar, à defesa de uma "nova educação", com novas práticas educacionais que levassem a uma "nova sociedade" e a um "novo homem".

Em relação ao contexto histórico, político e universitário no qual se desenvolveu a pesquisa educacional marxista no Brasil, considerando-se que o desenvolvimento do marxismo no âmbito dos programas de pós-graduação é obra de um profissional do saber voltado para a realização do seu labor intelectual, pode-se supor que uma de suas precondições foi a expansão do número de programas de pós-graduação ocorrida após a reforma universitária de 1968, que ampliou consideravelmente a possibilidade de os profissionais universitários se dedicarem à carreira acadêmica; e que o desenvolvimento de um pensamento educacional com tal filiação metodológica é resultado de uma estratégia consciente de alguns grupos de pesquisadores.

Também podemos supor que a intensificação do autoritarismo estatal ocorrida após a decretação do Ato Institucional n. 5, em dezembro de 1968, que ampliou a censura à livre circulação de ideias e a repressão aos professores e estudantes oposicionistas, contribuiu para que uma modalidade crítica e radical de pensamento como o marxismo se tornasse uma opção política e metodológica aos indivíduos e grupos presentes na universidade, na época, fato que indica também que, mesmo durante o regime militar, a universidade brasileira resguardou certa autonomia para a produção realizada em seu interior.

Uma decorrência do raciocínio anterior é a suposição de que os autores mencionados chegaram até o marxismo primeiro por convencimento político, tendo posteriormente optado pela realização de suas pesquisas com base na metodologia e nas proposições teóricas do materialismo histórico e dialético. Com isso também estamos supondo que muitos desses autores participavam de grupos, partidos e entidades políticas, e que essa presumida vinculação influiu de alguma maneira na realização de sua obra acadêmica.

O fato de os autores em questão não terem realizados suas obras no interior dos partidos comunistas e de outros agrupamentos marxistas pode ser explicado tanto pela improbabilidade de que o tipo de reflexão teórica que eles pretendiam realizar pudesse efetivamente ser desenvolvida nos limites da clandestinidade imposta pelo regimes autoritário aos grupos oposicionistas quanto em razão das organizações marxistas privilegiarem a produção de textos e documentos voltados para o embate político imediato e negligenciarem a necessidade de pesquisas e reflexões teóricas que demandavam um tempo maior para sua elaboração.

Texto complementar

A influência do marxismo na pesquisa em educação brasileira

O Programa de Pós-Graduação em Filosofia da Educação da PUC-SP, a partir de 1976, pode ser considerado o lócus institucional de pesquisa que representara um ponto de inflexão na hegemonia epistemológica que o marxismo alcançou na produção do conhecimento no âmbito da educação ainda em pleno contexto da ditadura militar. Sobre a sua importância para o campo da pesquisa em educação no Brasil, Bernardete Gatti assim se referiu:

> [...] a linha de trabalho que deu identidade a esse programa de pós-graduação foi sendo construída como um processo de amadurecimento intelectual coletivo, constituindo-se uma base reflexiva sob a inspiração teórico-metodológica da dialética marxista, especialmente no enfoque desenvolvido nas obras de Gramsci (GATTI, 1994, p. 81).

A partir da experiência desenvolvida pelo Programa de Pós-Graduação em Filosofia da Educação da PUC-SP, sob a liderança acadêmica de Dermeval Saviani, a fundamentação teórico-metodológica derivada da epistemologia marxista passou a ser uma referência orgânica no processo de produção do conhecimento no campo da educação brasileira, principalmente durante o período da ditadura militar. Além disso, há de se destacar também que, ao mesmo tempo em que o marxismo ganhava relevância no Programa de Filosofia da Educação da PUC-SP, ocorria a derrota da luta armada empreendida por organizações de esquerda contra a ditadura militar, o que refletia o recrudescimento da repressão policial-militar sobre a sociedade civil (ALVES, 1985, p. 160 Et seq.). Nesse mesmo contexto, um dos poucos espaços possíveis para a veiculação do marxismo no Brasil passou a ser a própria esfera acadêmica, para onde, inclusive, muitos intelectuais de oposição haviam migrado. Esses quadros, alguns dos quais advindos daquela luta, passaram a atuar como professores e orientadores dos programas de pós-graduação, particularmente na área da educação. Aqui temos, tal como ocorria até o início da década de 1950, o ponto de intersecção entre a militância política marxista e a produção do conhecimento, mas desta vez no campo educacional. Vale ressaltar que a presença desses intelectuais de esquerda na universidade revelava um aspecto antinômico do processo político-educacional da época, pois ao mesmo tempo em que a ditadura pretendia manter o total controle sobre o sistema educacional, não conseguia impedir que no seu interior se desenvolvesse o julgamento mais radical contra a ditadura e o capitalismo: a crítica marxista.

(FERREIRA JR., A. "A influência do marxismo na pesquisa em educação brasileira". *Revista HISTEDBR On-line*. Campinas, v. 13, n. 49, 2013, pp. 35-44.)

Questões propostas

1. Em sua opinião, por que entre professores e pesquisadores que se reconhecem como marxistas persistem inúmeras divergências teóricas e de análise da realidade educacional do país?

2. Explique as críticas de José Mário Pires Azanha ao que ele denomina "abstracionismo pedagógico" dos trabalhos marxistas sobre a educação no Brasil.

3. Como pode ser explicado o fato de que foi em um contexto histórico-político de repressão, promovida pelo regime militar no Brasil, que floresceu a pesquisa científica de inspiração marxista em muitas Faculdades de Educação brasileiras?

Sociologia da Educação no Brasil: consolidando o processo de institucionalização

Ao longo deste livro discutimos as contribuições de vários cientistas sociais e pensadores para a construção de um conjunto de referenciais teóricos para a pesquisa em Sociologia da Educação. Ao tratarmos dos autores e obras voltados para a pesquisa sociológica da educação no Brasil, destacamos como uma grande "massa crítica" de trabalhos teóricos e investigativos foi construída por professores e pesquisadores brasileiros a partir da orientação ou inspiração teórica baseada em autores que não pesquisaram especificamente sobre a educação no país.

Como afirmado anteriormente, a Sociologia da Educação no Brasil viveu sob forte influência europeia. A partir de meados dos anos 1980 é que se verificou alguma diversificação teórica. Discutindo esse processo de diversificação das fontes teóricas, sintetizamos didaticamente as principais contribuições de autores como, por exemplo, Bourdieu e Lahire, dos autores associados à "Nova Sociologia da Educação" e à renovação promovida pelos Estudos Culturais nas últimas décadas na pesquisa em Sociologia da Educação.

Como consequência dessa recepção de referenciais teóricos e metodológicos investigativos, desenvolvidos por autores que foram considerados como clássicos da teoria social, os pesquisadores de Sociologia da Educação no Brasil se dedicaram à pesquisa de problemas teóricos e empíricos em inúmeros trabalhos reconhecidamente dotados de grande qualidade científica e relevância acadêmica, política e educativa. Com isso, os trabalhos realizados pelos pesquisadores que se dedicaram à Sociologia da Educação no Brasil, nas últimas décadas do século XX e nas duas primeiras do século XXI, possibilitaram uma grande expansão do número de pesquisas da área em nosso país.

Nesse período de tempo de cerca de 40 anos, observamos uma consolidação do processo de institucionalização da pesquisa científica em Sociologia da Educação a partir da constituição de Grupos de Pesquisas liderados por professores e pesquisadores universitários, certificados pelo CNPq, que atuam nos âmbitos dos cursos de graduação, departamentos e programas de Pós-Graduação em Ciências Sociais e Sociologia e nas Faculdades de Educação.

É significativa a participação desses pesquisadores assumindo também o papel de ativistas políticos na crítica às desigualdades educacionais e em defesa da qualidade da educação no Brasil, através do engajamento nas associações e entidades que congregam os cientistas sociais e educadores brasileiros para a participação em Seminários Temáticos e Grupos de Trabalho de eventos científicos, principalmente da Associação Nacional de Pesquisa e Pós-Graduação em Ciências Sociais (ANPOCS), que desde 1982 conta com o Grupo de Trabalho Educação e Sociedade, fundado sob a liderança professora Aparecida Joly Gouveia; da ANPEd, que conta com o Grupo de Trabalho "Sociologia da Educação"; e da Sociedade Brasileira de Sociologia (SBS), com seu Comitê de Pesquisa "Educação e Sociedade".

As pesquisas acadêmicas e a formação de novos pesquisadores ganharam um arcabouço institucional e operacional mais coletivo, dialógico e cooperativo, através das atividades de ensino, pesquisa e divulgação desenvolvidas nos laboratórios, grupos de pesquisa, programas de pós-graduação e eventos científicos, evidentemente não sem as disputas, competições e conflitos motivados pela busca de reconhecimento do capital simbólico por parte de cada agente, como é próprio das relações no interior do campo científico. Ao longo deste capítulo apresentaremos os aspectos que consideramos mais relevantes na produção científica em Sociologia da Educação nas últimas quatro décadas sem, contudo, a intenção de realizarmos um balanço ou um inventário como aqueles já realizados competentemente pelos pesquisadores da área, a começar pelos professores Aparecida Joly Gouveia (1989), Luiz Antonio Cunha (1992), Carlos Benedito Martins e Silke Weber (2010), Marília Pontes Spósito (2003), Simone Meucci (2011), Amurabi Oliveira e Camila Ferreira Silva (2016), entre outros pesquisadores e trabalhos.

A consequência mais visível desse processo de institucionalização da pesquisa em Sociologia da Educação no Brasil pode ser exemplificada pelos Comitês de Pesquisa "Educação e Sociedade", da SBS, em atividade desde o ano de 2005.

Os professores Amurabi Oliveira e Camila Ferreira da Silva publicaram os resultados do estudo que realizaram "sobre o lugar da educação nos programas de pós-graduação em sociologia" no Brasil (Oliveira e Silva, 2016). Segundo esse estudo, dos 18 programas então em atividade, 5 deles contavam com pesquisadores dedicados explicitamente à pesquisa educacional desenvolvendo os seus trabalhos em uma linha de pesquisa especificamente voltada para a Sociologia da Educação. "Com base na análise das linhas de pesquisa, chegamos aos 56 pesquisadores inseridos nos diversos programas de pós-graduação articulados, explícita ou implicitamente, ao universo educacional", concluem Oliveira e Silva (2016: 8), dado que demonstra que a Sociologia desenvolvida no Brasil aborda a educação como um tema de relevância investigativa.

Em um outro trabalho, em que também fazem um balanço sobre a produção científica em Sociologia da Educação no Brasil, Oliveira e Silva (2019) realizam um levantamento dos "temas mapeados a partir de artigos publicados em periódicos científicos da área de educação de programas de pós-graduação em sociologia", enfatizando a multiplicidade de temas e objetos de pesquisa investigados. Segundo os autores, o ensino superior é um tema de maior expressividade entre 2013 e 2016 com 16,5%, o que parece indicar a confirmação *a priori* do argumento de Martins e Weber (2010) de que a "divisão de trabalho" entre as áreas da Educação e da Sociologia baseia-se no primado da objetivação do ensino superior pela Sociologia. O tema da educação superior traz como principais discussões questões como modelos e conceitos universitários; universidade e globalização; expansão internalização; ensino; estudos de pós-graduação; relação entre mercado e universidade; origem social, desigualdade e desempenho neste nível de ensino; relação entre religião e universidade e a questão da laicidade; africanos e afro-brasileiros no ensino superior, ambos como estudantes e como professores; pesquisa, produtivismo e internacionalização; ações de extensão; ensino a distância; avaliação; e gênero. Outros temas aos quais os pesquisadores em Sociologia da Educação mais se dedicam abordam o ensino de Sociologia, as ações afirmativas e a influência das relações raciais na sociedade brasileira sobre a educabilidade da população, além de pesquisas relacionadas aos fundamentos teóricos da pesquisa educacional que abordam teorias e autores, dentre os quais os mais estudados são Pierre Bourdieu, Émile Durkheim, Max Weber e Bernard Lahire.

Algumas características da pesquisa sociológica sobre a educação dos programas de pós-graduação em Sociologia são bem salientes. Como uma modalidade de investigação baseada no pensamento crítico quanto aos condicionamentos institucionais, sociais, econômicos e políticos dos processos educacionais, nos parece relevante a aceitação da hierarquização dos programas de pós-graduação de acordo com as notas atribuídas pela Coordenação de Aperfeiçoamento de Pessoal de Nível Superior (Capes) por parte dos pesquisadores, possibilitando que os agentes mais bem avaliados que atuam no interior de tais programas contem com "uma situação privilegiada na estruturação da agenda da pesquisa da sociologia brasileira". A Capes é um órgão do Ministério da Educação voltado para a "expansão da pós-graduação *stricto sensu* (mestrado e doutorado) em todos os estados da Federação". Para Oliveira e Silva (2016: 4),

> se considerarmos os programas exclusivamente de sociologia que atualmente estão avaliados com as maiores notas atribuídas pela Capes, apenas o da Unicamp (nota 6) e da Universidade Federal de São Carlos-UFSCar (nota 6) não possuem uma linha de investigação voltada para a pesquisa educacional. Portanto, a existência de linhas de pesquisa envolvendo essa temática em programas da UnB (nota 6), da UFRGS (nota 7) e da USP (nota 7) indica algo relevante sobre o campo.

A Sociologia da Educação no Brasil conta com pesquisadores que fazem parte do campo científico internacional, uma vez que publicam seus trabalhos acadêmicos em periódicos internacionais, participam de eventos que ocorrem em vários países, recorrem à produção científica internacional como fontes teóricas e empíricas para as suas pesquisas, além de desenvolverem trabalhos em cooperação com pesquisadores que atuam em Universidades espalhados pelo mundo. Também nos parece muito relevante o grau de diversificação concomitante à especialização das abordagens investigativas, levando a uma grande dispersão das pesquisas, publicações e orientações.

Desse modo, podemos considerar que um grau crescente de institucionalização, combinada com a especialização temática e com a sua internacionalização são três características marcantes da produção científica da Sociologia da Educação brasileira nas últimas décadas.

Texto complementar

O Comitê de Pesquisa 17 - Educação e Sociedade

O Comitê de Pesquisa (CP) Educação e Sociedade vem atuando desde 2005 acolhendo trabalhos com diferentes temáticas, abordagens metodológicas e conceituais, provenientes de diferentes regiões do país. Sempre dedicado a explorar as diversas facetas dos condicionantes sociais da educação e dos efeitos sociais dos processos de escolarização, o CP prioriza investigações empíricas sob enfoque sociológico. A prioridade é para o tratamento de assuntos relevantes na agenda que conecta as ciências sociais e os inúmeros dilemas e desafios de nossos sistemas educacionais, suas políticas e práticas. Assim, a clássica temática da estrutura de oportunidades educacionais, seus condicionantes e resultados, adquire destaque nas discussões do CP. Alguns eixos temáticos têm vindo compor o pano de fundo das discussões que têm prevalecido em nosso CP, a saber:

- Relações entre desigualdades sociais e desigualdades escolares na Educação Básica e na Educação Superior;
- Desigualdades socioespaciais de acesso à escola e ao saber;

- Estratégias, processos e práticas de escolarização em diferentes meios sociais;
- Trajetórias escolares em diferentes meios sociais;
- Contextos escolares desiguais: efeito-estabelecimento, efeito sala de aula, efeito professor;
- As políticas educacionais redistributivas e suas consequências;
- Os grandes sistemas de avaliação externa, problemas e potencialidades na reconfiguração de sistemas educacionais;
- Políticas de responsabilização, suas fontes, dilemas e consequências;
- Os atores e as estruturas de oferta educacional.

(SOCIEDADE BRASILEIRA DE SOCIOLOGIA/SBS/ Comitê de Pesquisa (CP) 17 – Educação e Sociedade, 2020. Coordenação: Maria Alice Nogueira (UFMG); Mariane Campelo Koslinski (UFRJ); Disponível em: <http://www.sbsociologia.com.br/2020/index.php?formulario=comites_pe squisa&metodo=0&id=4&url=Zm9ybXVsYXJpbz1jb21pdGVzX3Blc3F1aXNhJm1ldG9kbz00&voltar=sim>. Acesso em: 22 mar. 2021.

QUESTÕES PROPOSTAS

1. Quais as principais características da produção acadêmica em Sociologia da Educação no Brasil das últimas décadas?
2. Na sua opinião quais as consequências da crescente institucionalização da Sociologia da educação no Brasil?

O ensino de Sociologia no cotidiano escolar

O ensino universitário de Sociologia se consolidou no Brasil como um aprendizado da investigação científica. Principalmente na modalidade do bacharelado, a formação acadêmica nos cursos de graduação em Ciências Sociais, mesmo quando centrada na leitura de uma vasta bibliografia e na exegese dos textos fundamentais dos autores clássicos, pressupõe que em algum momento de sua trajetória o praticante da Sociologia estará em condições de colocar a sua bagagem literária a serviço da construção de um objeto de investigação, elaboração de uma problemática e realização dos procedimentos investigativos para abordar a realidade social e construir conhecimento na forma de projetos, relatórios, artigos, livros, dissertações e teses.

Mesmo com o retorno oficial como componente obrigatória nos currículos estabelecido pela Lei n. 11.684 de 2 de junho de 2008 (Brasil, 2008), a disciplina de Sociologia no ensino médio ainda não conta com um foco pedagógico tão definido como observamos no ensino superior. Os maiores esforços dos professores são dedicados à divulgação, entre os estudantes, dos textos e abordagens mais consagrados com base nas publicações didáticas disponibilizadas por diferentes instâncias governamentais do Ministério da Educação e Secretarias Estaduais de Educação, e também pelas editoras comerciais do país. A aprendizagem da construção do conhecimento frequentemente é secundária em relação à transmissão de um conjunto de saberes estabelecidos e literários sobre a realidade social cobrados nos exames vestibulares.

Para abordar sociologicamente as problemáticas envolvidas na implementação do ensino de Sociologia na educação básica brasileira, nas últimas décadas também está em atividade, no âmbito da SBS, o Grupo de Trabalho (GT) "Ensino de Sociologia".

Uma questão relevante para ser incluída nesse amplo elenco de problemáticas tratadas no GT "Ensino de Sociologia" da SBS pode ser suscitada pela imensa discrepância existente entre o número de docentes da disciplina em atividade no Brasil e o número de pesquisadores participantes nas atividades promovidas pela SBS. Segundo o balanço realizado por Oliveira (2016: 56), entre os anos de 2005 e 2015 um número de 182 autores apresentaram um total de 155 trabalhos acadêmicos nos eventos do GT "Ensino de Sociologia". Embora esse número de pesquisadores sobre a temática seja expressivo e relevante, devemos considerar também que em todo o país, segundo o Censo Escolar da Educação Básica MEC/Inep 2017 encontravam-se em atividade 55.752 professores de Sociologia na Educação Básica (Bodart e Sampaio Silva, 2019: 46). De acordo com os dados construídos sobre o "indicador de adequação da formação docente para o ensino médio segundo disciplina", apenas 13,7% ou 7.676 professores que lecionam a disciplina de Sociologia na Educação Básica brasileira contam com formação em Licenciatura em Ciências Sociais/Sociologia e/ou Bacharelado em Ciências Sociais (Bodart e Sampaio Silva, 2019: 46).

Após a realização de um balanço sobre as dificuldades e as perspectivas que se abrem com a institucionalização do ensino de Sociologia na educação básica brasileira, Fagner Carniel e Zuleika de Paula Bueno avaliam que

> depois de um largo período de constrangedor silêncio acadêmico, formou-se no país um repertório relativamente denso de pesquisas que recuperam o papel da educação básica no processo de constituição das ciências sociais (Handfas, 2011). Em linhas gerais, tais pesquisas sinalizam a relevância de considerar a sociologia escolar como uma instância legítima e potencialmente efetiva de criação, de difusão e de rotinização das ideias sociológicas entre setores da sociedade que não estão necessariamente em contato com o que é produzido nas

> universidades. Trata-se, de fato, de um processo de recontextualização do formato acadêmico desse saber especializado, que tem lhe conferido outros modos de existência, com eficácias diferenciadas ao longo do tempo. Desse modo, a dimensão curricular do ensino de sociologia, bem como seus usos, sentidos e aplicações, converteu-se em um objeto de interesse e de reflexão contemporânea. (Carniel e Bueno, 2018: 679)

É preciso ponderar, contudo, que ainda pode ser encontrada certa hierarquização entre as modalidades do bacharelado e da licenciatura nos cursos de graduação em Ciências Sociais no Brasil. Na USP, por exemplo, Ana Paula Hey, Eduardo Carvalho Ferreira e Maria Regina Cariello Moraes avaliam que a minoria dos docentes do curso de Ciências Sociais se engajam na formação de professores da educação básica, considerado um "universo afastado da pesquisa de excelência e das temáticas consagradas no campo disciplinar" ou que "não é objeto de prestígio". Mesmo assim, o Departamento de Sociologia da USP passou a dividir a responsabilidade pela formação de docentes para o ensino de Sociologia com a Faculdade de Educação. Para a realização das atividades formativas voltadas à prática docente na educação básica, foi criada a disciplina "Estágio Supervisionado para as Ciências Sociais", e, além disso, a disciplina "Sociologia da Educação" se tornou um componente obrigatório da licenciatura. Também foi criado o Laboratório de Ensino de Sociologia, que a partir de 2010 assumiu a coordenação das atividades de estágio supervisionado (2018: 639-40).

Levando-se em consideração o reconhecimento alcançado pelo curso de graduação em Ciências Sociais da USP em todo o país, as mudanças apontadas representam uma grande contribuição para o questionamento da reprodução da hierarquia de prestígio entre pesquisa e ensino ainda existente na área, e também para o incentivo à promoção de processos formativos que combinem de forma complementar e indissociável as formações acadêmicas recebidas na licenciatura e no bacharelado.

Para discutirmos uma proposta pedagógica para o ensino de Sociologia no Brasil, podemos tomar como parâmetros os dois enfoques delineados anteriormente, os do ensino universitário e do ensino médio, para investigarmos em que medida a ação educativa em sala de aula se aproxima da primeira ou da segunda modalidade de ensino, sem esquecermos que na prática os dois tipos de estratégias pedagógicas podem ser combinados.

Um outro aspecto imprescindível para levarmos em consideração são os problemas práticos enfrentados pelos professores de Sociologia no cotidiano escolar. Como apontaram Paulo Fraga e Sintia Soares Helpes (2017), em um trabalho investigativo sobre as representações dos professores sobre as condições de trabalho na rede pública de Juiz de Fora, Minas Gerais, as entrevistas realizadas enfatizaram como

> a descontinuidade das tarefas profissionais, o desrespeito institucional para com a atividade docente desempenhada e com a sua própria condição de trabalhar foi o elemento demarcador dos depoimentos dos designados, não por caso. As experiências desses(as) docentes são diferenciadas, abalizadas que são pelas condições de trabalho e de sua qualidade de trabalhador descartável. Todos, entretanto, acentuaram a distância entre a formação e o desempenho profissional, acentuando a empobrecida relação do curso de licenciatura na universidade em que se formaram com a Sociologia no Ensino Médio. (Fraga e Helpes, 2017: 127)

Como afirmou a professora Ileizi Fiorelli Silva (2007: 422),

> pensar o ensino de sociologia no ensino médio passa pela nossa compreensão sobre a educação, ou seja, sobre que tipo de educação desejamos. E isso não é fácil de ser definido porque depende do embate, do conflito entre inúmeros projetos de sociedade em disputa entre nós cientistas sociais, entre os grupos que têm acesso aos aparatos do estado, que definem as políticas, entre os professores das redes pública e privada, e assim por diante. Pensem em como tem sido difícil definir os currículos de ciências sociais nas universidades.

Uma proposta pedagógica de construção de conhecimento no ensino de Sociologia

Um ponto de partida para pensarmos nos conteúdos e nas práticas pedagógicas trabalhadas no ensino de Sociologia na educação básica pode ser a realização de uma reflexão realizada pelo professor sobre a sua própria prática, através da qual ele se torne consciente sobre o que de fato realiza na sua ação docente e por que assim o faz. Em seguida, é necessário avaliar se as estratégias pedagógicas empregadas visam à construção de conhecimento e à formação de uma postura investigativa entre os estudantes ou a mera transmissão de saberes já consagrados na disciplina, tomando como parâmetro aquele mais que conhecido princípio pedagógico defendido por Paulo Freire (1996: 13), segundo o qual "ensinar não é transferir conhecimento, mas criar as possibilidade para a sua própria produção ou a sua construção".

A seguir apresentamos uma proposta para tratarmos a Sociologia no ensino médio como uma oportunidade de aprendizagem e exercício da construção de conhecimentos sobre as relações sociais. Evidentemente, os conhecimentos que fazem parte da história das ciências sociais poderão servir como referenciais para pensarmos a respeito dos problemas da realidade social.

O planejamento pedagógico do ensino de Sociologia se orienta por alguns pressupostos que são próprios da disciplina. De acordo com um primeiro pressuposto, o mundo social é construído historicamente pelos humanos em suas relações de convivência, conflito e cooperação. Esse pressuposto implica a desnaturalização do mundo social e das hierarquias e desigualdades existentes entre os humanos, como, por exemplo, a concentração de riqueza, de poder e de conhecimentos.

Um segundo pressuposto que propomos é a valorização do aprendizado do pensamento crítico que evidencia os problemas da realidade. Sem a abordagem crítica da realidade e das desigualdades sociais, os estudantes e toda a sociedade se tornarão vítimas de uma configuração social cujos problemas não são conscientemente formulados pelos seus membros. Sem pensamento crítico não é possível imaginar alternativas para a ordem social existente.

Esses dois pressupostos epistemológicos levam a um terceiro pressuposto que pode ser considerado político, pois se o mundo humano é construído pelos seres humanos através de relações sociais que geram conflitos entre os diferentes membros de uma sociedade, a evidenciação de tais conflitos através de um pensamento crítico, independente e baseado em dados empíricos da realidade, possibilita a configuração de coletivos empenhados na transformação dessas relações sociais que geram as diferentes formas de desigualdade e hierarquia.

Seguindo as orientações da "pedagogia racional" proposta por Pierre Bourdieu, o ensino de Sociologia necessita de uma implementação prática que, sempre que possível, proceda à substituição das aulas meramente expositivas, nas quais os estudantes adotam uma postura pouco participativa, por atividades didáticas que levem ao desenvolvimento das competências de leitura, escrita, expressão oral e trabalho em grupo que abordem os conteúdos tratados na disciplina.

O ponto de partida, então, pode ser um levantamento exploratório dos problemas que os estudantes identificam no mundo social a partir dos diferentes referenciais teóricos aprendidos na disciplina de Sociologia ou da sua experiência individual ou coletiva.

Para tanto, essa identificação da problematicidade do real vai demandar a busca de evidências empíricas que a atestem. A pesquisa é entronizada no ensino de Sociologia como um princípio pedagógico de busca exploratória e construção de dados empíricos. Para o professor de Sociologia adotar o exercício da pesquisa como estratégia pedagógica, ele pode iniciar investigando as representações sociais dos próprios estudantes a respeito da escola e das perspectivas que concebem para si e para os jovens na sociedade brasileira atual.

Essa foi a temática da dissertação de mestrado do professor Laércio da Costa Carrer (2017) que investigou as "representações sociais de estudantes de ensino médio da rede pública e particular sobre a escola". Ao analisar e interpretar as respostas aos questionários aplicados e entrevistas realizadas com os jovens que estavam cursando a terceira série do ensino médio em duas escolas selecionadas, o autor constatou que, entre os estudantes da escola pública, o desemprego existente na sociedade brasileira atual é concebido como uma ameaça às suas perspectivas de vida tanto individuais como coletivas.

A partir dos resultados de uma pesquisa como a do professor Laércio, para desenvolvermos atividades pedagógicas orientadas para a pesquisa, podemos debater com os estudantes o problema do desemprego. É possível iniciar discutindo alguns textos de Sociologia do trabalho, tanto clássicos quanto contemporâneos, sobre o desemprego nas sociedades modernas, além de matérias jornalísticas com informações sobre essa temática.

Os instrumentos a que o professor de Sociologia pode recorrer são os mesmos que os sociólogos acadêmicos ou profissionais empregam em suas investigações, como técnicas de construção de dados para a pesquisa: seleção das fontes e dos informantes, questionários, uso de arquivos, entrevistas face a face, coleta de depoimentos e imagens, observação direta e etnográfica, realização de grupos focais, tratamento quantitativo e qualitativo das informações, análise e interpretação dos resultados alcançados, elaboração de relatórios.

Todos esses procedimentos podem ser realizados com os estudantes do ensino médio. A escolha dos procedimentos deverá ocorrer após a construção de um objeto de pesquisa exploratória e formulação de um problema central a ser pesquisado.

Podemos transformar a sala de aula em um laboratório de pesquisa no qual as diferentes etapas de uma investigação exploratória são realizadas pelos agentes envolvidos em um treinamento para a problematização do existente e a construção de conhecimentos para responder aos questionamentos formulados.

Na pesquisa exploratória a ser desenvolvida com os estudantes, podemos até comparar as condições de vida dos jovens desempregados de 16 a 24 anos com uma população economicamente ativa adulta e da terceira idade na mesma situação. Como problemas centrais, podemos investigar por que uma população selecionada para um estudo se encontra desempregada e quais são as suas condições de vida nessa situação.

Os próprios estudantes podem elaborar algumas hipóteses provisórias para responder as essas questões centrais, abordando tanto a parte da demanda de força de trabalho, como uma crise econômica que leva à diminuição dos investimentos e contratações, ou os avanços tecnológicos que poupam o uso de mão de obra, reduzindo as oportunidades de emprego para os trabalhadores, tanto a parte da oferta, quanto a falta de oportunidades de educação formal e qualificação para os trabalhadores.

Com a pesquisa entre informantes desempregados, os estudantes vão entender os condicionamentos sociais sobre as vidas dos moradores do entorno da escola e sobre as suas próprias perspectivas profissionais. Também poderão pensar a respeito de estratégias individuais e coletivas para escapar de tais condicionamentos.

O passo seguinte será a seleção de um procedimento para a construção dos dados e a seleção de informantes para a pesquisa. A realização de uma pesquisa por questionário, por exemplo, pode ser um momento preparatório muito importante para uma pesquisa sociológica.

Levando-se em consideração a temática e o problema central construídos para a pesquisa exploratória, a formulação das questões que deverão constar no questionário e o teste do instrumento elaborado podem ser desenvolvidos como atividades didáticas em sala de aula sob a coordenação de um professor que previamente tenha estudado sobre a elaboração e aplicação dessa técnica.

Outros instrumentos poderão complementar o uso do questionário, como a realização de entrevistas pelos estudantes com os informantes selecionados, que podem ser gravadas e filmadas e depois reproduzidas em sala de aula para subsidiar as discussões e a construção de relatórios escritos.

Também as respostas obtidas com a aplicação dos questionários poderão ser relatadas e discutidas em sala, podendo ser objeto de realização de análises e interpretações escritas e orais por parte dos estudantes e do professor. Quanto ao processo de avaliação de uma atividade pedagógica orientada para a pesquisa como a sugerida, a realização das diferentes etapas por parte dos estudantes já pode constar como critério de uma avaliação continuada que substitua a mera avaliação quantitativa através de exames e provas.

Texto complementar

O Comitê de Pesquisa 18 – Ensino de Sociologia

Este Grupo pretende reunir pesquisadores, professores, estudantes e demais interessados nos processos de formação em Ciências Sociais e de pesquisa de ensino de sociologia no ensino superior (graduação, pós-graduação acadêmica e profissional) e na Educação Básica, especialmente no Ensino Médio, primeiro momento de contato para muitos estudantes com a Sociologia. Dessa forma, poderá acolher trabalhos que sejam resultados de pesquisas concluídas ou em fase de conclusão, versando sobre as seguintes temáticas:

a) história dos cursos de ciências sociais e a relação entre o bacharelado e a licenciatura;
b) história da sociologia nos currículos da escola secundária, do segundo grau e do ensino médio, na perspectiva da legislação e das lutas em torno da aprovação dos dispositivos normativos da disciplina escolar;
c) as propostas de conteúdos e de currículos de sociologia nos cursos de bacharelado e de licenciatura;

d) as propostas curriculares de sociologia nos entes federados e no Governo Federal;
e) a formação inicial e continuada de professores e de professoras de sociologia;
f) os Livros Didáticos de Sociologia;
g) as metodologias de ensino, os materiais, os recursos audiovisuais, o uso das tecnologias no ensino de sociologia;
h) a sociologia nos exames de larga escala e vestibulares;
i) o estado da arte do ensino de sociologia;
j) as juventudes e os estudantes da Educação Básica, entre outras temáticas correlatas ou novas para o nosso campo.

(SOCIEDADE BRASILEIRA DE SOCIOLOGIA, Comitê de Pesquisa (CP)18 – Ensino de Sociologia. Coordenação: Amurabi Pereira de Oliveira; Danyelle Nilin Gonçalves, 2020b. Disponível em: <http://www.sbsociologia.com.br/2020/index.php?formulario=comites_pesquisa&metodo=0&id=6&url=Zm9ybXVsYXJpbz1jb21pdGVzX3Blc3F1aXNhJm1ldG9kbz00&voltar=sim>. Acesso em: 22 mar. 2021.)

QUESTÕES PROPOSTAS

1. Quais os problemas e desafios enfrentados atualmente pelos professores de Sociologia no ensino médio brasileiro?
2. Como os procedimentos da academia podem ser incorporados na didática do ensino de Sociologia?

Referências

ADORNO, Theodor W. "Educação pós Auschwitz". In: *Emancipação e educação*. Rio de Janeiro: Paz e Terra, 1999.

______; HORKHEIMER, Max. *Dialética do esclarecimento*. Rio de Janeiro: Zahar, 1985.

ALBERNAZ, A.; FERREIRA, F. H. G.; FRANCO, C. *Qualidade e equidade na educação fundamental brasileira*. Rio de Janeiro, PUC-Rio, Departamento de Economia, 2002.

ALBUQUERQUE, José Augusto Guilhon. "Introdução: Althusser, a ideologia e as instituições". In: ALTHUSSER, Louis. *Aparelhos ideológicos de Estado*: nota sobre os aparelhos ideológicos de Estado (AIE). Rio de Janeiro: Graal, 1985.

ALTHUSSER, Louis. *Aparelhos ideológicos de Estado*: nota sobre os aparelhos ideológicos de Estado (AIE). Rio de Janeiro: Graal, 1985.

ALVES, Maria Helena Moreira. *Estado e oposição no Brasil (1964-1984)*. 3. ed. Trad. Clóvis Marques. Petrópolis: Vozes, 1985.

ANDERSON, Perry. "As antinomias de Gramsci". *Crítica Marxista*. São Paulo, n. 1, 1986, pp. 7-74.

______. *Considerações sobre o marxismo ocidental*. São Paulo: Brasiliense, 1989.

ANPEd. Breve histórico do Grupo de Trabalho (GT) 21 Eucação e Relações Étnico-Raciais. Disponível em: <https://anped.org.br/grupos-de-trabalho/gt21-educa%C3%A7%C3%A3o-e-rela%C3%A7%C3%B5es-%C3%A9tnico-raciais>. Acesso em: 15 dez. 2020.

ANTUNES, Ricardo. "Apresentação". In: MÉSZÁROS, István. *Para além do capital:* rumo a uma teoria da transição. São Paulo: Boitempo/Campinas: Ed. Unicamp, 2002.

APPLE, Michael. *Educação e poder*. Porto Alegre: Artes médicas, 1989.

ARANTES, Paulo Eduardo. "Origens do marxismo filosófico no Brasil – José Arthur Giannotti nos anos 60". In: MORAES, João Quartim de (org.). *História do marxismo no Brasil*. Campinas: Ed. da Unicamp, 1995, pp. 125-81.

ARENDT, Hannah. *A condição humana*. Rio de Janeiro: Forense Universitária, 1999.

ARON, Raymond. *As etapas do pensamento sociológico*. São Paulo: Martins Fontes/Brasília: Ed. Universidade de Brasília, 1982.

ARRUDA, Maria Arminda do Nascimento. "A sociologia no Brasil – Florestan Fernandes e a 'escola paulista'". In: MICELI, Sérgio (org.). *História das ciências sociais no Brasil*. São Paulo: Sumaré/Fapesp, 1995.

AZANHA, José Mário Pires. *Uma ideia de pesquisa educacional*. São Paulo, 1990. Tese (Livre-Docência) – Faculdade de Educação, USP.

AZEVEDO, Fernando de. "Nota de Fernando de Azevedo sobre obstrução". *A manhã*. 13 nov. 1927.

______. *Sociologia educacional*. 3. ed. São Paulo: Melhoramentos, 1954.

BARBOSA GOMES, Joaquim B. "A recepção do instituto da ação afirmativa pelo Direito Constitucional Brasileiro". In: SANTOS, Sales Augusto dos (org.). *Ações afirmativas e combate ao racismo nas Américas*. Brasília, Ministério da Educação, UNESCO, 2005.

BARROS, Roque Spencer Maciel de. *Ensaios sobre educação*. São Paulo: Edusp/Grijalbo, 1971.

BARTH, Fredrik. "Grupos étnicos e suas fronteiras". In: POUTIGNAT, Philippe; STREFF-FENAR, Jocelyne. *Teorias da etnicidade*. São Paulo: Ed. Unesp, 1998.

BEISIEGEL, Celso de Rui. *Estado e educação popular*: um estudo sobre a educação de adultos. São Paulo: Pioneira, 1974.

BENOIT, Lelita Oliveira. *Sociologia comteana*: gênese e devir. São Paulo: Discurso, 1999.

BERNSTEIN, Basil. *A estruturação do discurso pedagógico*: classes, códigos e controle. Petrópolis: Vozes, 1996.

BHABHA, Homi K. *O local da cultura*. Belo Horizonte: Ed. UFMG, 1998.

BODART, Cristiano da Neves; SAMPAIO-SILVA, Roniel. "Quem leciona sociologia após 10 anos de presença no Ensino Médio Brasileiro". In: BODART, Cristiano das Neves; LIMA, Wenderson Luan dos Santos. *O ensino de Sociologia no Brasil*. Maceió: Editora Café com Sociologia, 2019, v.1.

BONNICI, Thomas. *O pós-colonialismo e a literatura*: estratégias de leitura. Maringá: Eduem, 2000.

BOUFLEUER, José Pedro. *Pedagogia da ação comunicativa*: uma leitura de Habermas. Ijuí: Ed. Unijuí, 1998.

BOURDIEU, Pierre. *Questões de sociologia*. Rio de Janeiro: Marco Zero, 1983.

BOURDIEU, Pierre. *A economia das trocas simbólicas*. São Paulo: Perspectiva, 1992.

______. "O discurso de importância – Algumas reflexões sociológicas sobre o texto 'Algumas observações críticas a respeito de 'Ler *O capital*'". *Economia das trocas linguísticas*: o que falar quer dizer. São Paulo: Edusp, 1996, pp. 159-76.

______. *Escritos de educação*. Petrópolis: Vozes, 1998.

______. *O poder simbólico*. Rio de Janeiro: Bertrand Brasil, 2001.

______. *Para uma sociologia da ciência*. Lisboa: Edições 70, 2004a.

______. *Coisas ditas*. São Paulo: Brasiliense, 2004b.

______. *Esboço de auto-análise*. São Paulo: Companhia das Letras, 2005.

______. *Manet*: une revolution symbolique. Paris, Éditions Raisons d'agir/Éditions du Seuil, 2013.

______. *Sobre o Estado*. São Paulo: Companhia das Letras, 2014.

______. *Sociologie Générale*. Paris: Raisons d'agir/Seuil, 2015, v. 1.

______; PASSERON, Jean-Claude. *Les héritiers: les étudiants et la culture*. Paris: Minuit, 1964.

______; ______. *A reprodução: elementos para uma teoria do sistema de ensino*. Rio de Janeiro: Francisco Alves, 1992.

______;______. *Los herederos: los estudiantes y la cultura*. Buenos Aires: Siglo XXI Editores Argentina, 2006.

______;______. *Os herdeiros*: os estudantes e a cultura. Florianópolis: Editora da UFSC, 2014.

BRASIL, Ministério da Justiça. "Relatório do Comitê Nacional para Preparação da Participação Brasileira". *Anais*... Durban: [s.n.], 2001.

______. Constituição (1988). *Constituição da República Federativa do Brasil.* Promulgada em 5 de outubro de 1988. São Paulo: Saraiva, 2004.

______. Lei nº 11.684 de 2 de junho de 2008. Altera o art. 36 da Lei no 9.394, de 20 de dezembro de 1996, que estabelece as diretrizes e bases da educação nacional, para incluir a Filosofia e a Sociologia como disciplinas obrigatórias nos currículos do ensino médio, 2008b. Disponível em: <http://www.planalto.gov.br/ccivil_03/_Ato2007-2010/2008/Lei/L11684.htm>. Acesso em: 28 nov. 2020.

CANEN, Ana; MOREIRA, Antonio Flávio Barbosa (orgs.). *Ênfases e omissões do currículo.* Campinas: Papirus, 2001.

CARNIEL, Fagner; BUENO, Zuleika Paula. "O ensino de sociologia e os seus públicos". *Revista Educação e Sociedade,* Campinas, v. 39, n. 144, jul.-set. 2018, pp. 671-85.

CARRER, Laércio da Costa. *Representações sociais de estudantes do ensino médio da rede pública e particular sobre a escola.* Guarulhos, 2017. Dissertação (Mestrado em Educação) – Escola de Filosofia, Letras e Ciências Humanas, Universidade Federal de São Paulo.

CARVALHO, Alonso Bezerra de. *Educação e liberdade em Max Weber.* Ijuí: Ed. Unijuí, 2004.

CARVALHO, José Jorge de. "Ações afirmativas para negros e índios no ensino superior – As propostas dos NEABs". *Revista Universidade e Sociedade.* Brasília, ano 12, n. 29, mar. 2003.

CASTELLS, Manuel. *O poder da identidade.* Rio de Janeiro: Paz e Terra, 2000.

CASTRO, Mary Garcia; ABRAMOVAY, Miriam. *Relações raciais na escola:* reprodução de desigualdades em nome da igualdade. Brasília: Unesco/Inesp/ Observatório de Violência nas Escola, 2006.

CHACON, Vamireh. *História das ideias socialistas no Brasil.* Fortaleza: Universidade Federal do Ceará/Rio de Janeiro: Civilização Brasileira, 1981.

COHN, Gabriel. *Weber.* São Paulo: Ática, 1999. (Coleção Grandes Cientistas Sociais.)

COMTE, Auguste. "Curso de filosofia positiva"; "Discurso sobre o espírito positivo"; "Discurso preliminar sobre o conjunto do positivismo"; "Catecismo positivista". Seleção de textos de José Arthur Giannotti. São Paulo: Abril Cultural, 1983. (Coleção Os Pensadores.)

COSTA, Lena Castello Branco F. "A educação no Brasil". In: FERRI, Mario Guimarães; MOTOYAMA, Shozo. *História das ciências no Brasil.* São Paulo: EPU/Edusp, 1979-1981, pp. 277-346.

COUTINHO, Carlos Nelson. "Do ângulo ao marxismo – Comentário do ensaio 'O novo movimento teórico', de Jeffrey C. Alexander". *Revista Brasileira de Ciências Sociais,* v. 2, n. 4, jun. 1987, pp. 39-42.

CUNHA, Luiz Antonio. *Uma leitura da teoria da escola capitalista.* Rio de Janeiro: Achiamé, 1982.

______. "Reflexões sobre as condições sociais de produção da sociologia da educação, primeiras aproximações". *Tempo Social.* São Paulo: Universidade de São Paulo, v. 4, n. 12, 1992, pp. 169-82.

______. "A educação na sociologia: um objeto rejeitado?" *Cadernos Cedes,* s/v, n. 27, 1992, pp. 9-22.

CURY, Carlos Roberto Jamil. *Educação e contradição.* São Paulo: Cortez, 1985.

DOSSE, François. *História do estruturalismo.* Bauru: Edusc, 2007, v. 1 e 2.

DURHAM, Eunice R. "Desigualdade educacional e cotas para negros nas universidades". *Revista Novos Estudos.* São Paulo, n. 66, jul. 2003.

______; BORI, Carolina M. (orgs). *O negro no ensino superior.* Seminário no Núcleo de Pesquisas sobre Ensino Superior (Nupes), São Paulo: Universidade de São Paulo, 2002.

DURKHEIM, Émile. *Educação e sociologia.* São Paulo: Melhoramentos, 1955.

______. *As regras do método sociológico.* São Paulo: Cia. Editora Nacional, 1960.

______. *As regras do método sociológico.* São Paulo: Abril Cultural, 1978. (Coleção Os Pensadores.)

______. "Suicídio: definição do problema". In: ___. *Durkheim.* São Paulo: Ática, 2004, pp. 103-7. (Coleção Grandes Cientistas Sociais.)

EAGLETON, Terry. *Ideologia*: uma introdução. São Paulo: Ed. Unesp/Boitempo, 1997.

FAUCONNET, Paul. "A obra pedagógica de Durkheim". In: DURKHEIM, Émile. *Educação e sociologia*. São Paulo: Melhoramentos, 1955.

FERNANDES, Florestan. *Ensaios de sociologia geral e aplicada*. São Paulo: Livraria Pioneira, 1960.

______. *Educação e sociedade no Brasil*. São Paulo: Dominus/Edusp, 1966.

______. *A Sociologia no Brasil*: contribuição para o estudo de sua formação e desenvolvimento. Petrópolis: Vozes, 1976.

______. "O dilema educacional brasileiro". In: PEREIRA, Luiz; FORACCHI, Marialice Mencarini (orgs.). *Educação e sociedade*. 10. ed. São Paulo: Cia. Editora Nacional, 1979.

______. "A formação política e o trabalho do professor". In: CATANI, Denice B. et al. (orgs.). *Universidade, escola e formação de professores*. São Paulo: Brasiliense, 1986.

______. *O desafio educacional*. São Paulo: Cortez, 1989.

FERREIRA, Renato. O mapa das ações afirmativas na educação superior. Disponível em: <http://www.gestaouniversitaria.com.br/artigos/o-mapa-das-acoes-afirmativas-na-educacao-superior>. Acesso em: 01 fev. 2021.

FERREIRA JR., A. "A influência do marxismo na pesquisa em educação brasileira". *Revista HISTEDBR On-line*, Campinas, v. 13, n. 49, 2013, pp.35-44. DOI: 10.20396/rho.v13i49.8640319. Disponível em: <https://periodicos.sbu.unicamp.br/ojs/index.php/histedbr/article/view/8640319>. Acesso em: 4 jan. 2021.

FÉTIZON, Beatriz Alexandrina de Moura. *Educar professores? – um questionamento dos cursos de licenciatura da Universidade de São Paulo*. São Paulo, 1984. Dissertação (Mestrado) – Faculdade de Educação, USP.

FORACCHI, Marialice M. *Mannheim*. São Paulo: Ática, 1982, pp. 152-65. (Coleção Grandes Cientistas Sociais.).

______; MARTINS, José de Souza (orgs.). *Sociologia e sociedade*. São Paulo: Livros Técnicos e Científicos, 1975.

FORQUIN, Jean-Claude. *Escola e cultura*: as bases sociais e epistemológicas do conhecimento escolar. Porto Alegre: Artes Médicas, 1993.

______. "As abordagens sociológicas do currículo – Orientações teóricas e perspectivas de pesquisa". *Educação e Realidade*, Porto Alegre, v. 21, n. 1, jan./jul. 1996, pp. 187-98.

FOUCAULT, Michel. *As palavras e as coisas*: uma arqueologia das ciências humanas. São Paulo: Martins Fontes, 1981.

______. *A ordem do discurso*. São Paulo: Loyola, 1996.

______. *Vigiar e punir*. Petrópolis: Vozes, 1999.

______. *A arqueologia do saber*. Rio de Janeiro: Forense Universitária, 2008.

FRAGA, Paulo; HELPES, Síntia Soares. "A dor e a delícia de lecionar sociologia no Esnino Médio: a experiência de professoras e professores da Rede Pública de Juiz de Fora. *Teoria e Cultura*. Programa de Pós-Graduação em Ciências Sociais – UFJF v. 12, n.1, jan.-jun. 2017.

FREIRE, Paulo. *Pedagogia da autonomia*: saberes necessários à prática educativa. São Paulo: Paz e Terra, 1996.

FREITAG, Bárbara. *Escola, Estado e sociedade*. São Paulo: Moraes, 1979.

______; ROUANET, Sérgio P. (orgs). *Habermas*. São Paulo: Ática, 1993. (Coleção Grandes Cientistas Sociais.)

FRIGOTTO, Gaudêncio. *A produtividade da escola improdutiva*. São Paulo: Cortez, 1986.

GADOTTI, Moacir. *Concepção dialética da educação*. São Paulo: Cortez, 1983.

______. *Pensamento pedagógico brasileiro*. São Paulo: Ática, 1987.

GATTI, Bernardete A. "O doutorado em educação da PUC-SP e o mestrado em educação da UFSCar". In: SEVERINO, Antônio Joaquim et al. *Dermeval Saviani e a educação brasileira: o simpósio de Marília*. São Paulo: Cortez, 1994, pp. 77-85.

GIANNOTTI, José Arthur. "A sociedade como técnica da razão: um estudo sobre Durkheim". In: *Exercícios de filosofia*. Petrópolis: Vozes/Cebrap, 1980, pp. 43-84.

______. "Recepções de Marx". *Novos estudos Cebrap*. São Paulo, n. 50, mar. 1998, pp. 91-8.

GIDDENS, Anthony. *Capitalismo e moderna teoria social*. Lisboa: Presença, 1972.

GIROUX, Henry A. *Os professores como intelectuais*: rumo a uma pedagogia crítica da aprendizagem. Porto Alegre: Artes Médicas, 1997.

______. *Cruzando as fronteiras do discurso educacional*: novas políticas em educação. Porto Alegre: Artes Médicas, 1999.

______. *Atos impuros*: a prática política dos estudos culturais. Porto Alegre: Artmed, 2003.

GOMES, Nilma Lino. "Educação cidadã, etnia e raça". In: AZEVEDO, José Clovis et al. (org.). *Utopia e democracia na educação cidadã*. Porto Alegre: Ed. UFRGS/Secretaria Municipal de Educação, 2000, pp. 247-8.

GONÇALVES E SILVA, Petronilha Beatriz. *Diretrizes curriculares nacionais para a educação das relações étnico-raciais e para o ensino de história e cultura afro-brasileira e africana*. Brasília: Ministério da Educação, Conselho Nacional de Educação, 2004.

GONZALES, Jorge L. C. *Dos fundamentos históricos e epistemológicos da filosofia da educação*. Projeto de pós-doutorado. Campinas, Unicamp, 1993, mimeo.

GOUVEIA, Aparecida J. "As Ciências Sociais e a pesquisa sobre educação". *Tempo Social*. v. 1, n. 1, 1989, pp. 71-9.

GRAMSCI, Antonio. *Cadernos do cárcere*. Rio de Janeiro: Civilização Brasileira, 2006a, v. 2.

______. *Cadernos do cárcere*. Rio de Janeiro: Civilização Brasileira, 2006b, v. 1.

______. *Concepção dialética da história*. Rio de Janeiro: Civilização Brasileira, 1968.

GUIMARÃES, Antônio S. Alfredo. *Racismo e antirracismo no Brasil*. São Paulo: Editora 34, 1999.

______. "Ações afirmativas para a população negra nas universidades brasileiras". In: SANTOS, Renato E. dos; LOBATO, Fátima (orgs.). *Ações afirmativas*: políticas públicas contra as desigualdades raciais. Rio de Janeiro: DP&A, 2003.

HABERMAS, Jürgen. *Para a reconstrução do materialismo histórico*. São Paulo: Brasiliense, 1983.

______. *O discurso filosófico da modernidade*. Lisboa: Publicações Dom Quixote, 1990.

______. "O idealismo alemão dos filósofos judeus". In: FREITAG, Bárbara; ROUANET, Sérgio P. (orgs.). *Habermas*. São Paulo: Ática, 1993. (Coleção Grandes Cientistas Sociais.)

______. *A crise de legitimação no capitalismo tardio*. Rio de Janeiro: Tempo Brasileiro, 1999.

HALL, Stuart. *Da diáspora*: identidade e mediações culturais. Belo Horizonte: Ed. UFMG/Brasília: Representação da Unesco no Brasil, 2003.

HANDFAS, A. "O Estado da Arte do Ensino de Sociologia na Educação Básica: um levantamento preliminar da produção acadêmica". *Interlegere*, s/v, n. 9, 2011, pp. 386-400.

HELLER, Agnes. "Uma crise global da civilização – Os desafios do futuro". In: HELLER, Agnes et al. *A crise dos paradigmas em ciências sociais e os desafios do século XXI*. Rio de Janeiro: Contraponto, 1999.

HOBSBAWM, Eric J. "Prefácio". In: HOBSBAWM, Eric J. *História do marxismo*: v. I – O marxismo no tempo de Marx. 3. ed. Rio de Janeiro: Paz e Terra, 1983, pp. 11-32.

HORKHEIMER, Max; ADORNO, Theodor W. *Temas básicos de sociologia*. São Paulo: Cultrix/Edusp, 1973.

IANNI, Octávio. *Sociologia da sociologia latino-americana*. Rio de Janeiro: Civilização Brasileira, 1971.

______. *A ideia de Brasil moderno*. São Paulo: Brasiliense, 1992.

INEP/MEC. Instituto Nacional de Estudos e Pesquisas Educacionais Anísio Teixeira. *Resumo Técnico: Censo da Educação Básica 2018* [recurso eletrônico]. – Brasília: Instituto Nacional de Estudos e Pesquisas Educacionais Anísio Teixeira, 2019.

KONDER, Leandro. *A derrota da dialética*: a recepção das ideias de Marx no Brasil, até o começo dos anos trinta. Rio de Janeiro: Campus, 1988.

LAHIRE, Bermard. *O sucesso escolar nos meios populares*: as razões do improvável. São Paulo: Ática, 1997.

______. *L'homme pluriel: les ressorts de l'action*. Paris: Nathan, 1998. (Essais&recherches. Sciences Sociales.)

______. "Do *habitus* ao patrimônio individual de disposições: rumo a uma sociologia em escala individual". *Revista das Ciências Sociais,* Fortaleza v. 34, n. 2, 2003.

______. "Trajetória acadêmica e pensamento sociológico: entrevista com Bernard Lahire". *Revista Educação e Pesquisa*. São Paulo, v. 30, n. 2, maio/ago. 2004, pp. 315-21.

______. Conférence de clôture: "De La division du travail scientifique: les rapports entre la didactique et la sociologie en période de 'hyperspécialisation'". In: LOSEGO, Philippe (éd.). *Actes du colloque "Sociologie et didactiques: vers une transgression des frontières"*. Lausanne: Haute Ecole Pédagogique de Vaud, 13 et 14 septembre 2012a, pp. 45-57. Disponível em: <http://www.hepl.ch/sociodidac>. Acesso em: 22 mar. 2021.

______. "Do Homem Plural ao Mundo Plural" [entrevista a Sofia Amandio. *Análise Social*, Instituto de Ciências Sociais da Universidade de Lisboa, v. XLVII (1.º), n. 202, 2012b.

______. "A fabricação social dos indivíduos: quadros, modalidades, tempos e efeitos de socialização". *Educ. Pesquisa*. [online], v. 41, n. spe., 2015, pp. 1393-404.

LEFEBVRE, Henri. "Estrutura social: a reprodução das relações sociais". In: FORACCHI, Marialice Mencarini; MARTINS, José de Souza (orgs.). *Sociologia e sociedade*. São Paulo: Livros Técnicos e Científicos, 1984, pp. 219-52.

LEMME, Paschoal. *Memórias*. São Paulo: Cortez; Brasília: Inep, 1988, v. 2 e 3.

LIBÂNEO, José Carlos. *Democratização da escola pública*. São Paulo: Loyola, 1985.

LUKACS, Georg. "Meu caminho para Marx". Revista *Nova Escrita Ensaio*. São Paulo, ano V, n. 11/12, 1983, pp. 85-99.

LUKES, Steven. "Base para a interpretação de Durkheim". In: COHN, Gabriel (org.). *Sociologia*: para ler os clássicos. Rio de Janeiro: Livros Técnicos e Científicos, 1977, pp. 15-46.

MANACORDA, Mario A. *O princípio educativo em Gramsci*. Porto Alegre: Artes Médicas, 1990.

MANDEL, Ernest. *O capitalismo tardio*. São Paulo: Nova Cultural, 1985. (Coleção Os Economistas.)

MANNHEIM, Karl. "A educação como técnica social". In: PEREIRA, Luiz; FORACCHI, Marialice Mencarini (orgs.). *Educação e sociedade*. 6. ed. São Paulo: Cia. Editora Nacional, 1979.

______. "Educação e planejamento". In: FORACCHI, Marialice M. *Mannheim*. São Paulo: Ática, 1982, pp. 152-65. (Coleção Grandes Cientistas Sociais.)

______; STEWART, W. A. C. *Introdução à sociologia da educação*. São Paulo: Cultrix, 1972.

MARTINS, C. B.; WEBER, S. "Sociologia da Educação: democratização e cidadania". In: MARTINS, C. B.; MARTINS, H. H. T. S. *Horizontes das Ciências Sociais*: Sociologia. São Paulo: ANPOCS, 2010, pp. 131-201.

MCLAREN, Peter. "Prefácio". In: GIROUX, Henry A. *Os professores como intelectuais*: rumo a uma pedagogia crítica da aprendizagem. Porto Alegre: Artes Médicas, 1997.

MARX, Karl. *Contribuição à crítica da economia política*. São Paulo: Abril Cultural, 1978a. (Coleção Os Pensadores.)

______. *Teses contra Feuerbach*. São Paulo: Abril Cultural, 1978b. (Coleção Os Pensadores.)

______. "Primeiro manuscrito: trabalho alienado". In: FROMM, Erich. *Concepção marxista do homem*. Rio de Janeiro: Zahar, 1979, pp. 89-102.

______. *O capital*: crítica da economia política. São Paulo: Abril Cultural, 1984, v.1, t. 2.

______. *Contribuição para a crítica da economia política*. São Paulo: Abril Cultural, 1986. (Coleção Os Pensadores.)

______; ENGELS, Friedrich. *Obras escolhidas*. Lisboa: Edições Avante!, 1982, t.1.

______;______. *Obras escolhidas*. Lisboa: Edições Avante!, 1983, t. 2.

______;______. *Obras escolhidas*. Lisboa: Edições Avante!, 1985, t. 3.

______;______. "Feuerbach. Oposição das concepções materialista e idealista (capítulo primeiro de A ideologia alemã)". In: ______. *Obras escolhidas*. Lisboa: Edições Avante!/Moscou: Edições Progresso, 1982, pp. 4-75.

MELLO E SOUZA, Antonio Candido. "A sociologia no Brasil". *Tempo Social – revista de sociologia da USP*, v. 18, n. 1, 2006.

MÉSZÁROS, István. *Marx*: a teoria da alienação. Rio de Janeiro: Zahar, 1981.

______. *Para além do capital*: rumo a uma teoria da transição. São Paulo: Boitempo/Campinas: Ed. Unicamp, 2002.

______. *A educação para além do capital*. São Paulo: Boitempo, 2005.

MEUCCI, Simone. "Sociologia na educação básica no Brasil: um balanço da experiência remota e recente". *Ciências Sociais Unisinos*. São Leopoldo, v. 51, n. 3, septiembre-diciembre, 2011, pp. 251-60.

MORAES FILHO, Evaristo (org.). *Comte*. São Paulo: Ática, 1989. (Coleção Grandes Cientistas Sociais.)

______. "A proto-história do marxismo no Brasil". In: REIS FILHO, Daniel Aarão et al. *História do marxismo no Brasil*. Rio de Janeiro: Paz e Terra, 1991, pp. 15-45.

MOREIRA, Antonio Flavio Barbosa. "O pensamento de Foucault e suas contribuições para a educação". *Educação & Sociedade*. Campinas: Cedes, v. 25, n. 87, maio/ago. 2004, pp. 611-15.

MOTA, Carlos Guilherme. *Ideologia da cultura brasileira (1933-1974)*. São Paulo: Ática, 1980.

MUNANGA, Kabengele. "O preconceito racial no sistema educativo brasileiro e seu impacto no processo de aprendizagem do alunado negro". In: AZEVEDO, José Clóvis de et al. *Utopia e democracia na educação cidadã*. Porto Alegre: Ed. UFRGS, 2000a.

______. "Uma abordagem conceitual das noções de raça, racismo, identidade e etnia". *Cadernos Penesb 5, Programa de Educação sobre o Negro na Sociedade Brasileira*. Niterói: EdUFF, 2000b, pp. 15-34.

NAGEL, Lizia Helena. *Quando o conteúdo vai além da frase*... São Paulo, 1986. Tese (Doutorado) – Pontifícia Universidade Católica.

NOGUEIRA, Cláudio Marques Martins. "A abordagem de Bernard Lahire e suas contribuições para a sociologia da educação". 36ª Reunião Nacional da ANPEd, Goiânia-GO, 29 set. a 2 out. 2013.

NOSELLA, Paolo. *A escola de Gramsci*. Porto Alegre: Artes Médicas Sul, 1992.

OLIVEIRA, Amurabi. "O Ensino de sociologia na educação básica brasileira: uma análise da produção do GT Ensino de Sociologia na SBS". *Teoria e Cultura*. Programa de Pós-Graduação em Ciências Sociais – UFJF, v. 11, n. 1, jan./jun. 2016.

______. The Sociology of Education in Brazil Today. *Revista de Sociología de la Educación* (RASE), v. 13, n. 1, 2019.

______; SILVA, Camila Ferreira. "A sociologia, os sociólogos e a educação no Brasil". *Revista Brasileira de Ciências Sociais*. v. 31 n. 91, 2016, pp. 1-15.

OLIVEIRA, Eliana de. *Mulher negra professora universitária*: trajetória, conflitos e identidade. São Paulo, 2004. Tese (Doutorado em Antropologia Social) – Faculdade de Filosofia, Letras e Ciências Humanas, Universidade de São Paulo.

ORTIZ, Renato. *Pierre Bourdieu*. São Paulo: Ática, 1994. (Coleção Grandes Cientistas Sociais.)

PAIVA, Vanilda. *Educação popular e educação de adultos*. São Paulo: Loyola, 1987.

PARO, Vitor Henrique. *Administração escolar*: introdução crítica. São Paulo: Cortez, 1986.

PENA, Sérgio D. J.; BORTOLINI, Maria Cátira. "Pode a genética definir quem deve se beneficiar das cotas universitárias e demais ações afirmativas?". *Estudos Avançados*. São Paulo, Instituto de Estudos Avançados da Universidade de São Paulo, v. 18, n. 50, jan./abr. 2004, pp. 31-50.

PEREIRA, Luiz; FORACCHI, MarialiceMencarini (orgs.). *Educação e sociedade*. 10. ed. São Paulo: Cia. Editora Nacional, 1979.

PILETTI, Nelson. *História da educação no Brasil*. São Paulo: Ática, 1991.

______. *A reforma Fernando de Azevedo*: Distrito Federal, 1927-1930. São Paulo: Feusp, 1983.

______. *Fernando de Azevedo*: a educação como desafio. Brasília: Inep, 1985. (Monografias Premiadas.)

______. "Fernando de Azevedo: da educação física às ciências sociais". *Revista do Instituto de Estudos Brasileiros*, São Paulo, 1994, pp. 81-98.

______. *Fernando de Azevedo*: estudos avançados. São Paulo, Instituto de Estudos Avançados da Universidade de São Paulo, v. 8, n. 22, set./dez. 1994, pp. 181-4.

______; PRAXEDES, Walter. *Sociologia da educação*: do positivismo aos estudos culturais. São Paulo: Ática, 2010.

PIOTTE, Jean-Marc. *El pensamento político de Gramsci*. Barcelona: A. Redondo, 1972.

PRAXEDES, Walter. *A educação reflexiva na teoria social de Pierre Bourdieu*. São Paulo, Loyola, 2015.

REIS FILHO, Casemiro dos. *A educação e a ilusão liberal*. São Paulo: Cortez, 1981.

RIBEIRO, Maria Luisa Santos. *História da educação brasileira*. São Paulo: Cortez & Moraes, 1978.

RODRIGUES, Alberto Tosi. *Sociologia da educação*. 6. ed. Rio de Janeiro: Lamparina, 2007.

RODRIGUES, José Albertino. "Sociologia de Durkheim". In: *Durkheim*. São Paulo: Ática, 2004. (Coleção Grandes Cientistas Sociais.)

ROMANELLI, Otaiza de O. *História da educação no Brasil (1930-1973)*. Petrópolis: Vozes, 1980.

ROMANO, Roberto. "A filosofia marxista e a questão educacional". In: FISCHMANN, Roseli (coord.). *Escola brasileira*: temas e estudos. São Paulo: Atlas, 1987, pp. 20-35.

ROSSI, Wagner G. *Capitalismo e educação*: contribuição ao estudo crítico da economia da educação capitalista. São Paulo: Cortez & Moraes, 1980.

SACHS, Viola. "Uma identidade americana plurirracial e plurirreligiosa – A África negra e *Moby Dick* de Melville". *Estudos Avançados*, São Paulo, Instituto de Estudos Avançados da Universidade de São Paulo, v. 16, n. 45, 2002.

SAES, Décio. *Classe média e sistema político no Brasil*. São Paulo: T.A. Queiroz, 1985.

SAID, Edward W. *Orientalismo*: o Oriente como invenção do Ocidente. São Paulo: Companhia das Letras, 1990.

______. *Cultura e imperialismo*. São Paulo: Companhia das Letras, 1995.

______. *Freud e os não europeus*. São Paulo: Boitempo, 2004.

SALM, Cláudio. *Escola e trabalho*. São Paulo: Brasiliense, 1981.

SANTOS, Luana Diana. *Intelectuais negras insurgentes*: o protagonismo de Petronilha Beatriz Gonçalves e Silva e Nilma Lino Gomes. Ouro Preto, 2018. Dissertação (Mestrado) – Universidade Federal de Ouro Preto. Instituto de Ciências Humanas e Sociais. Departamento de Educação. Programa de Pós-Graduação em Educação.

SAVIANI, Dermeval. "Tendências e correntes da educação brasileira". In: MENDES, Durmeval Trigueiro. *Filosofia da educação brasileira*. Rio de Janeiro: Civilização Brasileira, 1983.

______. "A filosofia da educação no Brasil e sua veiculação pela Revista Brasileira de Estudos Pedagógicos". *Revista Brasileira de Estudos Pedagógicos*. Brasília, n. 65, v. 150, maio/ago. 1984, pp. 273-90.

______. *Pedagogia histórico-crítica*. São Paulo: Cortez, 1991.

______. "Florestan Fernandes e a educação". *Estudos Avançados*. São Paulo: Instituto de Estudos Avançados da Universidade de São Paulo, v. 10, n. 26, jan./abr. 1996.

SCHMIED-KOWARZIK, Wolfdietrich. *Pedagogia dialética*: de Aristóteles a Paulo Freire. São Paulo: Brasiliense, 1983.

SCHWARZ, Roberto. "Um seminário de Marx". *Novos Estudos Cebrap*, n. 50, mar. 1998, pp. 99-114.

SILVA, Ileizi Fiorelli. "A sociologia no ensino médio: os desafios institucionais e epistemológicos para a consolidação da disciplina". *Cronos*, Natal-RN, v. 8, n. 2, jul./dez. 2007, pp. 403-27.

SILVA, Ileisi; VICENTE, Daniel Victor. "Quadro nacional dos docentes de sociologia no ensino médio: desafios da formação docente entre textos, dados e contextos". *O público e o privado*. Fortaleza, n. 24, jul.-dez. 2014, pp. 69-80.

SILVA, Tomas Tadeu da. *Documentos de identidade*: uma introdução às teorias do currículo. Belo Horizonte: Autêntica, 2002.

SOCIEDADE BRASILEIRA DE SOCIOLOGIA /COMITÊ DE PESQUISA (CP) 17 – Educação e Sociedade. Coordenação: Maria Alice Nogueira (UFMG); Mariane Campelo Koslinski (UFRJ); Suplente: Ana Maria Fonseca de Almeida (Unicamp) 2020a. Disponível em: <http://www.sbsociologia.com.br/2020/index.php?formulario=comites_pesquisa&metodo=0&id=4&url=Zm9ybXVsYXJpbz1jb21pdGVzX3Blc3F1aXNhJm1ldG9kbz00&voltar=sim>. Acesso em: 22 mar 2021.

SOCIEDADE BRASILEIRA DE SOCIOLOGIA /COMITÊ DE PESQUISA (CP)18 – Ensino de Sociologia. Coordenação: Amurabi Pereira de Oliveira; Danyelle Nilin Gonçalves, 2020b. Disponível em: <http://www.sbsociologia.com.br/2020/index.php?formulario=comites_pesquisa&metodo=0&id=6&url=Zm9ybXVsYXJpbz1jb21pdGVzX3Blc3F1aXNhJm1ldG9kbz00&voltar=sim>. Acesso em: 22 mar 2021.

SPÓSITO, Marília Pontes. "Uma perspectiva não escolar no estudo sociológico da escola". *Revista USP*. São Paulo, n. 57, mar./maio 2003, pp. 210-26.

STAVENHAGEN, Rodolfo. "Classes sociais e estratificação social". In: FORACCHI, Marialice Mencarini; MARTINS, José de Souza (orgs.). *Sociologia e sociedade*. São Paulo: Livros Técnicos e Científicos, 1984.

STIELTJIES, Claudio. *Jurgen Habermas*: razão comunicativa e emancipação humana – Um estudo sobre ideologia e utopia. Campinas: Ed. PUC-SP, 1999.

SUPREMO TRIBUNAL FEDERAL. Ministro Joaquim Barbosa afirma que ações afirmativas concretizam princípio constitucional da igualdade. Notícias STF. Brasília, 26 abr. 2012. Disponível em: <http://www.stf.jus.br/portal/cms/verNoticiaDetalhe.asp?idConteudo=206023>. Acesso em: 22 mar 2021.

TAYLOR, Charles. *El multiculturalismo y la política del reconocimiento*. México: Fondo de Cultura Económica, 1994.

TOURAINE, Alain. *Crítica da modernidade*. Petrópolis: Vozes, 2002.

VEIGA-NETO, Alfredo. *Foucault e a educação*. Belo Horizonte: Autêntica, 2003.

WEBER, Max. *Ensaios de sociologia*. 5. ed. Rio de Janeiro: Guanabara, 1982.

______. *A ética protestante e o espírito do capitalismo*. São Paulo: Pioneira, 1985.

______. *Economia e sociedade*: fundamentos da sociologia compreensiva. Brasília: Ed. Universidade de Brasília, 1991.

YOUNG, Michael. *O currículo do futuro*: da "nova sociologia da educação" a uma teoria crítica do aprendizado. Campinas: Papirus, 2000.

ZANTEN, Agnès van. "Saber global, saberes locais – Evoluções recentes da sociologia da educação na França e na Inglaterra". *Revista Brasileira de Educação*. n. 12, set./dez. 1999, pp. 45-58.

Os autores

Walter Praxedes, graduado em Ciências Sociais pela Universidade de São Paulo (USP) e doutor em Educação pela Faculdade de Educação da mesma universidade, é professor associado do Departamento de Ciências Sociais da Universidade Estadual de Maringá (UEM). Pela Contexto é autor do livro *Dom Helder Camara: o profeta da paz.*

Nelson Piletti é graduado em Filosofia, Jornalismo e Pedagogia; mestre, doutor e livre-docente em Educação pela USP; ex-professor de ensino fundamental e médio; professor aposentado do Departamento de Filosofia da Educação e Ciências da Educação da Faculdade de Educação da USP. Pela Contexto é autor do livro *Aprendizagem: teoria e prática*, além de coautor de *O Brasil no Contexto 1987-2017*; *Dom Helder Camara: o profeta da paz*; *Psicologia do desenvolvimento*; *Psicologia da aprendizagem* e *História da educação.*

GRÁFICA PAYM
Tel. [11] 4392-3344
paym@graficapaym.com.br